RUDIMENT

DES PETITES ÉCOLES.

RUDIMENT
DES PETITES ÉCOLES,

OU

TRAITÉ

DE

L'INSTRUCTION PRIMAIRE.

PAR M. F. MAZURE,

INSPECTEUR DE L'ACADÉMIE D'ANGERS.

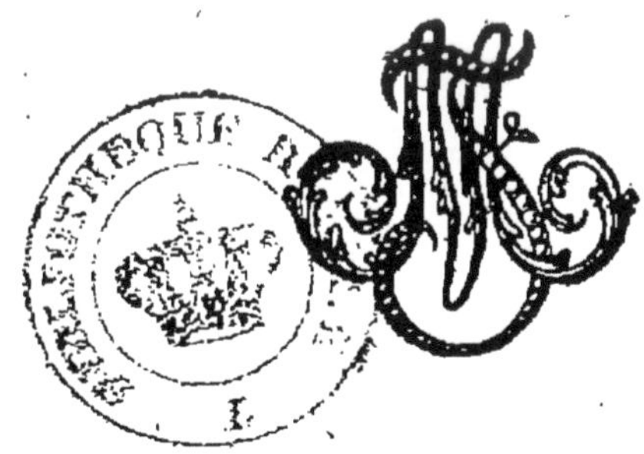

ANGERS,

Chez FOURIER-MAME, Libraire du Lycée impérial, rue Centrale.

De l'Imprimerie de MAME, frères.

1811.

AUX MAITRES

DES ÉCOLES PRIMAIRES.

Les fonctions que nous exerçons dans l'Université impériale, nous ont fait connoître combien il étoit pressant de s'occuper des Ecoles primaires et d'y introduire une méthode uniforme. Sans doute il existe un grand nombre de maîtres qui connoissent l'importance de leurs fonctions. Ils ont conservé les bonnes traditions, ils donnent aux enfans de bons principes et surtout de bons exemples. Cependant peut-on se dissimuler que plusieurs sont loin de les imiter? Et si l'Université connoît déjà ceux qui méritent sa confiance ou son indulgence, combien de tems encore sera-t-elle dans l'impossibilité de former de nouveaux sujets et de les donner aux communes qui en ont besoin? Mais en attendant que l'organisation des classes normales amène l'uniformité dans l'enseignement et l'unité dans les principes, nous avons pensé qu'il ne seroit pas sans utilité de rédiger pour les maîtres qui existent, et surtout pour les petites écoles de campagne, un traité de l'instruction primaire. Tel est le but de cet ouvrage. Il traite de la manière de montrer à lire, à écrire, à calculer; il contient des préceptes et des maximes trop long-tems oubliés sur les devoirs de l'homme envers Dieu, envers la société, envers lui-même : et puisque l'instruction du peuple est rétablie sur les seuls principes qui puissent assurer son bonheur ; puisqu'enfin l'instruction civile est devenue inséparable de l'instruction religieuse, nous espérons que ce petit ouvrage ne sera pas inutile aux maîtres des campagnes, et peut-être aux pères de famille.

Tenue et régime des Ecoles.

Le maître doit apporter le plus grand soin à faire observer une discipline régulière dans son école. Il tiendra ses élèves dans l'habitude du silence et du respect, de la soumission sans murmure, et de l'obéissance avec simplicité. Il maintiendra la ponctualité et la plus sévère exactitude pour les heures prescrites : cependant il saura faire une exception, lorsqu'elle sera nécessaire, pour les enfans qui demeurent dans les villages trop éloignés de l'école. Cette loi d'une régularité ponctuelle est aussi utile au maître qu'aux écoliers. Il ne permettra pas qu'ils entrent ni qu'ils sortent en tumulte. Il interdira toute dénonciation : il les formera de bonne heure à la sincérité, à la franchise et à la confiance. La gravité tempérée par la bonté est un moyen certain d'inspirer le respect et d'éloigner la contrainte. Une sévérité mal entendue, ou une familiarité sans retenue sont également blâmables : le talent du maître consiste à savoir allier la fermeté à l'indulgence.

Punitions et Récompenses.

Les enfans ont tour à tour besoin d'être réprimés et encouragés. Une sévérité capricieuse les rebute et les révolte : trop de facilité ou d'insouciance les expose à des fautes multipliées. Le grand art est de tout voir, de tout entendre, d'arrêter par un seul regard ou par un seul mot la faute qui va se commettre. Punissez à propos, mais sans passion, sans colère, sans aucune parole outrageante. Evitez jusqu'à l'apparence du mépris, car l'enfance, comme l'âge mûr, pardonne rarement les blessures faites à l'amour-propre. Ne vous oubliez jamais, dans la vivacité, jusqu'à reprocher ou tourner en ridicule les défauts du corps ou de la nature. Ce seroit une lâcheté coupable qui auroit sur les passions naissantes de votre élève, et peut-être sur sa vie entière, une influence dangereuse. Il faut savoir prévenir le mal, veiller sur les petits désordres et les réprimer sur-le-champ, pour en éviter de plus graves. Mais entre le défaut de gronder sans cesse et le défaut de tout pardonner, la raison doit guider un maître qui a du zèle. Il est de ces fautes qui tiennent à la légèreté de l'enfance :

un oubli, une mal-adresse, un accident, tout cela n'a besoin que d'indulgence ; un mot, une observation, une réprimande suffit. Soyez justes, fermes et bons : les enfans ont un sentiment de justice naturelle qui les avertit de leurs fautes et qui leur inspire la soumission quand le châtiment ne tient ni de la cruauté ni de l'emportement. Vous pardonnerez quelquefois, suivant l'âge et le caractère ; mais vous serez inexorables contre les penchans vicieux, l'opiniâtreté, l'indiscipline et la persévérance dans le désordre.

Il n'est pas moins important de louer ou de récompenser à propos. Si la gravité, la sévérité même, sont nécessaires dans la distribution du blâme ou des punitions, sachez louer avec bonté, avec affabilité. Le cœur de ces jeunes enfans s'ouvrira à l'espérance de vous satisfaire et au bonheur d'y réussir. Ils verront que vous les aimez, et ils vous aimeront. Par-là vous serez écoutés avec respect et avec plaisir. Vous aurez enfin les moyens de leur faire entendre avec succès les leçons de la vertu et les maximes qui peuvent les diriger dans le chemin de la vie. Mais que l'affabilité ne soit jamais la familiarité. Vous connoissez cet ancien proverbe que l'expérience de tous les âges a vérifié : *La familiarité engendre le mépris.* Ainsi vous éviterez dans les récompenses toute vaine plaisanterie, avec autant de soin que la passion et la colère dans le blâme et dans les punitions.

Instruction religieuse et morale.

La religion est la perfection de l'homme. C'est elle qui nous fait aimer nos devoirs, parce qu'elle nous en montre l'objet et la récompense. C'est elle qui a révélé à l'homme le secret de ses destinées futures et les grands principes de sa félicité sur la terre. Sans elle (et nous en avons fait la déplorable expérience) il n'existe ni consolation dans le malheur, ni espérance à la vertu, ni frein pour le crime. Ainsi la raison et la loi veulent que le maître à qui on a confié une partie du ministère honorable de l'enseignement public, fasse connoître, respecter et aimer la religion à ses élèves. Mais sur ce point, la première instruction qu'il doit donner est celle du bon exemple.

Un arrêt du parlement de Paris (29 *janvier* 1765) prescrivoit à tous les professeurs et régens des colléges de l'ancienne Université une règle que tous les maîtres des écoles primaires doivent s'imposer. « Ils commenceront, est-il dit, et finiront » leurs classes par une prière.... Ils auront soin » d'employer toutes les semaines un tems convenable pour enseigner à leurs écoliers le caté» chisme du diocèse, leur feront réciter l'épître » et l'évangile du dimanche suivant, et tous les » jours, matin et soir, quelques versets de l'an» cien ou du nouveau testament. » (1)

(1) Cet usage vient d'être rétabli dans les Lycées et les

La religion ne consiste pas seulement dans le culte extérieur, mais encore à soumettre toutes ses actions et même ses pensées aux obligations qu'elle impose. Que le maître sache donc, par ses discours et ses exemples, la faire aimer autant que respecter. Il ne souffrira aucune raillerie des choses saintes, aucun jurement, aucune parole grossière : il saura inspirer le mépris de ces expressions où l'on invoque la divinité pour les choses les plus légères, de ces expressions devenues triviales, mais qui ne sont que des juremens déguisés, en un mot, de ces imprécations sur soi-même et autres blasphèmes plus criminels encore, qui feroient frémir si l'habitude n'en faisoit oublier l'indécence ou l'infamie.

Votre devoir est d'enseigner la religion aux enfans. Mais vous devez craindre que sur ce point même votre zèle ne vous égare. Le choix des lectures que vous ferez est de la plus haute importance. En général ne lisez, ou ne faites lire que des ouvrages approuvés dans le diocèse. Parmi ceux que vous ne connaissez pas, il peut s'en trouver dont la doctrine soit douteuse. N'oubliez pas qu'il faut à la jeunesse une instruction saine. La prudence et votre devoir se réunissent donc

---

Colléges par le réglement de l'Université du 17 septembre 1811.

pour vous engager à rejeter de votre école tous les ouvrages qui n'auront pas l'approbation de votre pasteur. L'expérience nous a prouvé que les maîtres n'étoient pas assez sévères sur le choix de leurs livres ; et nous avons plusieurs fois trouvé dans les mains de leurs élèves des brochures et des romans, des nouveautés insignifiantes ou dangereuses. Les livres de piété même exigent un sage discernement. Souvent on croit inspirer des sentimens religieux, et par des histoires incertaines, on ne donne que des leçons de superstition. Que vos lectures soient donc prises dans les livres saints : c'est là que vous trouverez tous les exemples et tous les préceptes utiles. « Vous les » graverez dans votre cœur, dit l'Ecriture (1) ; » vous les raconterez à vos enfans ; vous les méditerez, assis dans votre maison et marchant » dans le chemin, la nuit dans les intervalles » du sommeil, le matin à votre réveil. En vous » réveillant, dit encore l'auteur des proverbes (2), » entretenez-vous avec mes préceptes, parce que » le commandement est une lampe et que la loi » est une lumière. » Ainsi l'Ecriture sainte sera le sujet le plus constant des méditations et des instructions du maître qui voudra remplir ses devoirs envers ses élèves comme envers lui-même

---

(1) Deuteron. c. 6.

(2) C. 9.

Les erreurs populaires seront aussi l'objet de ses observations, lorsque l'instruction du catéchisme en fera naître l'occasion. Ainsi l'interprétation des songes, les prétendus devins, les billets superstitieux, ce que l'on nomme des sorts, en un mot toutes les puérilités que les charlatans propagent et que l'erreur accueille avec une crédulité toujours funeste, un maître sage ne doit en parler que pour en exposer le ridicule aux yeux de la raison, et le danger aux yeux de la religion qui les condamne sans réserve.

Le maître trouvera encore des préjugés non moins dangereux à combattre, les préjugés d'irréligion qui sont descendus jusques dans les ateliers et dans les campagnes. Il faut l'avouer, la révolution a laissé dans la classe privée d'instruction, les opinions les plus déplorables sur tout ce qui tient à l'autorité religieuse. Cette maladie de l'esprit humain ne peut se guérir que par l'instruction religieuse. La religion seule peut ramener le *jugement*, le *bon sens*, les *idées saines*, la modération, la justice, l'amour du travail et l'heureuse habitude de la soumission parmi les peuples; enfin c'est la religion seule qui peut retenir la génération nouvelle dans le sentiment des devoirs ou des principes les plus nécessaires à l'ordre social et au bonheur des familles. Que les maîtres, que les pasteurs de l'église se réunissent donc pour atteindre ce but honorable! leurs efforts et leurs succès leur acquerront les droits les plus beaux à la reconnoissance de la patrie et de la religion.

La vertu est l'habitude des bonnes actions; la morale est le rapport de l'homme avec Dieu, avec ses semblables et avec lui-même.

Ce que nous devons à Dieu, la religion nous l'enseigne, et un bon maître doit faire naître habilement les occasions de graver les principes religieux dans le cœur des enfans. Mais il n'est pas seul chargé de cette tâche si belle, ou plutôt il la partage avec les pères de famille et avec les ministres de l'église. Quant aux deux autres parties de la morale, c'est-à-dire, les devoirs de l'homme envers la société et envers lui-même, il peut en donner des leçons plus immédiates; et sous ce rapport les fonctions d'un maître zélé sont de la plus haute importance.

Il surveillera donc leurs inclinations naissantes, leurs moindres actions et jusqu'à leurs paroles: il saura épier le secret de leurs penchans jusques dans les jeux de l'enfance; il réprimera dans ces jeux tout ce qui sembleroit annoncer des dispositions à la violence et à la cruauté; il punira le mensonge et la calomnie. Que l'enfant apprenne qu'il faut sacrifier sa vie même à l'obligation de dire la vérité. Le mensonge est un crime, puisque le menteur semble appeler Dieu en témoignage de l'imposture. Ainsi le jeune élève saura contracter cette heureuse habitude de la franchise et de cette assurance ferme qui ne craint que Dieu seul.

Que l'enfant apprenne comment il doit, suivant la loi de Dieu, honorer son père et sa mère. Cette loi s'applique aussi aux serviteurs et aux artisans : les uns et les autres doivent à leurs maîtres comme à leurs parens, obéissance, fidélité, zèle et respect. Enfin les enfans doivent à leurs pères, secours et assistance dans leurs affaires, dans leurs besoins, dans leur vieillesse, dans leurs infirmités. Le maître trouvera dans l'écriture sainte des exemples terribles de la malédiction divine, qui s'attache aux enfans ingrats ou rebelles; et par ces leçons salutaires, il affermira l'autorité la plus nécessaire comme la plus légitime, celle des pères sur leurs enfans.

Le bon ordre ne peut renaître dans les familles qu'avec l'habitude et l'amour du travail. Appelez donc de bonne heure l'attention de l'enfant sur cette obligation de travailler qui est imposée à tous les hommes; obligation qu'il faut recevoir avec soumission et respect, puisqu'elle vient de Dieu même. «L'oisiveté, dit encore le proverbe, est la mère de tous les vices. » Elle engendre l'ivrognerie et la débauche, qui abrutissent le corps et la raison, qui excitent aux violences, aux outrages, aux blasphêmes, et qui ruinent également la santé, l'honneur et la famille. Elle entraîne à tous les vices qui naissent de l'indigence, aux actions frauduleuses, aux complaisances coupables, aux bassesses les plus déplorables. Ainsi le maître saura inspirer l'amour et l'habitude du travail, de même que le mépris et l'horreur des vices qui naissent de l'oisiveté ou qui en sont inséparables.

Si les devoirs commencent avec l'usage de la raison, l'enfant doit apprendre à les connaître dès l'âge où sa raison commence. Ces devoirs sont simples et sont tracés dans les livres destinés à l'enfance. Mais c'est aux maîtres à donner, sur la conduite de la vie, des conseils que trop rarement on reçoit dans le sein des familles. Trop rarement en effet la conduite de la vie est liée à un systême fixe de principes. De-là ces erreurs irréparables dans le choix d'un état, parce que c'est uniquement le hasard ou le caprice qui l'a déterminé. Un maître sage sera donc au milieu de ses élèves comme un bon père de famille; non-seulement il ouvrira leur esprit à cette *instruction primaire* qui convient à leur âge et à leur condition, mais encore il versera dans leur ame les véritables principes de la religion par rapport à Dieu, et de la prudence par rapport à soi-même. Il fixera souvent leur attention sur l'état convenable à leur position, sur les avantages et les inconvéniens que cet état peut offrir. Il les accoutumera de bonne heure à l'esprit d'ordre et d'arrangement, d'économie et de travail, qui met le tems et les privations même à profit pour l'avenir. A celui qui doit un jour commander à des serviteurs ou à des artisans, il dira : vos serviteurs seront vos frères devant Dieu ; vous ne leur imposerez aucun travail qui excède leurs forces ; vous ne leur prescrirez rien de contraire à la conscience ; vous ne tenterez point leur foiblesse par le vil appât d'une récompense coupable ; vous veillerez à leurs besoins et à l'accomplissement de leurs devoirs ; vous serez fidèle à remplir vos engagemens envers eux et vous ne retiendrez point leur salaire. Pour le pauvre il empruntera la voix de la religion qui défend même le murmure et qui ordonne le travail et la résignation. Il élevera le pauvre jusqu'à Dieu lui-même, en lui répétant souvent cette pensée consolante et sublime : le fils de Dieu naissant, vivant et mourant pauvre, a ennobli la pauvreté et les pauvres. Aux serviteurs et aux artisans, il enseignera la fidélité, l'obéissance, l'activité et surtout l'économie, qui après Dieu est la providence du pauvre. C'est ainsi que les fonctions du maître obtiendront la considération que mérite leur utilité ; et qu'en voyant par ses soins les mœurs et les principes de la sagesse régner au milieu de la génération qu'il aura élevée lui-même, sa vie entière s'écoulera dans le calme d'une bonne conscience, et qu'une vieillesse heureuse et respectée précédera le bonheur que la religion promet à la vertu.

De la Lecture et de l'Écriture.

On a inventé plusieurs méthodes pour apprendre à lire. Plus ou moins ingénieuses, elles ont presque toutes l'inconvénient de ne pouvoir servir aux enfans de la campagne, soit parce qu'il se trouve peu de maîtres ou de maîtresses qui en aient l'intelligence ou la clef, soit que le prix en soit trop élevé pour le pauvre, soit enfin que l'habitude, plus forte que la raison même, ait triomphé de tous les efforts.

Il faut dire à l'appui de l'ancienne méthode syllabaire que, si elle est longue et fastidieuse, il n'est point de mère de famille qui ne puisse la mettre en usage. Il n'est point de pauvre qui ne puisse acheter une *Croix de Dieu* et montrer l'*A B C* à ses enfans. Cette méthode sera donc bien long-tems encore préférée; et sous beaucoup de rapports elle mérite la préférence sur quelques nouveaux systêmes de lecture assez accrédités.

Mais l'intelligence et le zèle d'un bon maître sauront proportionner toute sorte de méthode aux dispositions, à l'âge et surtout à l'*aisance* de ses écoliers. Il faut que l'instruction première soit accessible aux enfans du pauvre : ainsi la moins dispendieuse sera en général la meilleure.

L'expérience a prouvé dans plusieurs écoles qu'il étoit avantageux d'apprendre à écrire aux enfans dans le tems même qu'ils commencent à lire. Nous en avons particulièrement fait la remarque dans une école de sourds-muets. C'est un moyen facile et certain de fixer dans l'esprit et dans la mémoire le nom et l'usage des lettres, le mécanisme des mots ou la liaison des syllabes, enfin le rapport des signes de la *parole écrite* à la *parole* elle-même. Ce double exercice donne de l'émulation aux enfans, les occupe utilement dans l'école, et abrège le tems qui est nécessaire pour bien épeler. Mais il faut que le maître consulte à ce sujet l'âge et la force de ses écoliers.

On a généralement l'habitude de donner pour modèles d'écriture des mots bizarres ou des phrases insignifiantes. Cet usage ridicule existe dans un très-grand nombre d'écoles, et l'on cherche à l'excuser par le vain prétexte qu'il faut réunir dans un exemple toutes les lettres et les plus difficiles à former. Cette raison n'est point admissible, puisque le maître peut multiplier ses caractères en variant ses exemples. Il saura donc donner aux enfans une leçon de morale dans chaque leçon d'écriture ; et les livres de la Bible lui fourniront des maximes convenables que l'écolier retiendra d'autant plus facilement, qu'elles se lieront aux premières études, aux premières impressions, aux premiers souvenirs de son enfance.

Le maître apportera l'attention la plus sévère à ce que les écoliers n'aient jamais que des livres approuvés dans le diocèse. Il aura soin que ses élèves ne contractent aucune habitude vicieuse dans la prononciation ; qu'ils articulent distinctement chaque syllabe ; qu'ils sachent connoître la différence des accens et de tous les signes de la ponctuation. Il prendra surtout les mêmes précautions lorsqu'il voudra leur faire réciter quelque leçon de mémoire.

De la Ponctuation et de l'Orthographe.

Il n'est pas question de faire des grammairiens dans nos petites écoles : mais puisque la loi veut que l'on y apprenne à lire et à écrire, elle veut sans doute que l'on y apprenne à bien lire et à bien écrire. L'orthographe est donc nécessaire.

Un maître doit savoir les premiers élémens de la grammaire ; cependant il ne sera pas inutile peut-être de les lui rappeler, et ce petit traité sera suffisant pour ses élèves. Comme il ne s'agit point de faire connoître aux enfans les principes métaphysiques du langage, mais simplement l'usage tel qu'il est, nous avons dû nous borner aux explications les plus courtes : et même pour faciliter aux écoliers les moyens de s'élever à une instruction supérieure, s'ils y sont appelés, nous avons cru devoir adopter les définitions même et la marche de la grammaire latine de Lhomond, grammaire avec laquelle ils se trouveront déjà familiarisés lorsqu'ils apprendront le latin. Nous n'y avons fait d'autre changement que ceux qui entroient dans notre plan, et que nécessitoit la différence des deux langues.

ÉLÉMENS

DE

LA GRAMMAIRE FRANÇAISE.

CHAPITRE PREMIER.

DES MOTS.

D. C*OMBIEN comptez-vous de sortes de mots?*

R. Dix.

D. *Quels sont-ils ?*

R. Le nom, l'article, l'adjectif, le pronom, le verbe, le participe, l'adverbe, la préposition, la conjonction et l'interjection.

CHAPITRE II.

LE NOM.

D. Q*U'EST-CE que le nom?*

R. C'est un mot qui sert à nommer une personne ou une chose, comme *Pierre*, *Paul*, *livre*, *chapeau*.

D. *Qu'entendez-vous par* nombre *dans les noms ?*

R. C'est la manière d'indiquer si l'on parle d'une ou de plusieurs choses.

D. *Combien y a-t-il de nombres ?*

R. Deux. Le singulier et le pluriel.

D. *Que marque le singulier ?*

R. Il signifie que l'on parle d'une seule personne ou d'une seule chose. Exemple : *un* homme, *une* rose.

D. *Que marque le pluriel ?*

R. Il marque plusieurs personnes ou plusieurs choses. Exemple : *les* hommes, *les* roses.

D. *Comment se forme le pluriel ?*

R. En général, il se forme en ajoutant une *S* à la fin du mot. Exemple : singulier, *le livre* ; pluriel, *les livres*.

D. *N'y a-t-il pas des exceptions à cette règle ?*

R. Oui. L'usage les apprendra (et elles se trouvent à la fin de ces Elémens).

D. *Qu'entendez-vous par* genre *dans les personnes ou dans les choses ?*

R. Les personnes et les animaux ont été distingués en deux genres, qui sont le *masculin* et le *féminin*, comme *les hommes*, *les femmes*, *un lion*, *une lionne*. Ensuite on a donné par imitation le genre masculin ou le genre féminin à des choses qui ne sont ni mâles ni femelles, comme *le soleil*, *la lune* ; *un fleuve*, *une rivière* ; *le ciel*, *une étoile* ; *un arbre*, *une fleur* ; *un lys*, *une rose*.

CHAPITRE III.

DE L'ARTICLE.

D. *Qu'est-ce que l'article?*

R. C'est un mot qui se met avant un nom, et qui en fait connoître le nombre et le genre.

D. *Quels sont les articles?*

R. Ce sont les mots *le*, *la*, *les*; *du* (pour *de le*); *des* (pour *de les*); *au* (pour *à le*); *à la*; *aux* (pour *à les*).

Nota. Les articles composés de deux mots se nomment *articles prépositifs*, comme nous le verrons au chapitre des prépositions.

D. *Donnez des exemples en joignant les articles à des noms masculins et féminins.*

R.

SINGULIER MASCULIN.	PLURIEL MASCULIN.
Le maître, *l'*homme (pour *le* homme.	*Les* maîtres, *les* hommes.
Du maître, *de* l'homme.	*Des* maîtres, *des* hommes.
Au maître, *à l'*homme.	*Aux* maîtres, *aux* hommes.

SINGULIER FÉMININ.	PLURIEL FÉMININ.
La religion.	*Les* religions.
De la religion.	*Des* religions.
A la religion.	*Aux* religions.

D. *Comment connoît-on qu'un nom est du genre masculin?*

R. Quand on peut mettre l'article *le* devant

ce nom. Exemples : *le* livre, *le* ciel, *le* roi, *le* lion.

D. *Comment connoît-on qu'un nom est du genre féminin?*

R. Quand on peut mettre l'article *la* devant ce nom. Exemples : *la* Bible, *la* terre, *la* religion.

CHAPITRE IV.

DE L'ADJECTIF.

D. *Qu'est-ce que l'adjectif?*

R. C'est un mot que l'on ajoute à un nom pour marquer la qualité de la personne ou de la chose.

D. *Donnez des exemples.*

R. *Bon* livre, le *bon* livre, du *bon* livre, au *bon* livre; les *bons* livres, des *bons* livres; aux *bons* livres.

Bonne mère, la *bonne* mère, de la *bonne* mère, à la *bonne* mère; les *bonnes* mères, des *bonnes* mères, aux *bonnes* mères.

D. *Quelle est la règle des adjectifs?*

R. Ils s'accordent en genre et en nombre avec le nom auquel ils se rapportent.

D. *Comment se forme le féminin d'un adjectif?*

R. En ajoutant un *e* au masculin, excepté pour ceux qui sont déjà terminés par la même lettre.

D. *Donnez des exemples.*

R. Premier, première; prudent, prudente. L'usage apprendra les exceptions.

(Nota. *Voyez le supplément aux adjectifs, p.* 47).

CHAPITRE V.

DU PRONOM.

D. QU'EST-CE *qu'un pronom?*

R. C'est un mot qui tient la place du nom.

D. *Y a-t-il plusieurs pronoms?*

R. Oui, le pronom personnel, le pronom possessif, le pronom relatif, le pronom démonstratif, et le pronom indéterminé ou indéfini.

DU PRONOM PERSONNEL.

D. *Qu'est-ce qu'un pronom personnel?*

R. C'est un mot qui tient la place des personnes.

D. *Combien comptez-vous de personnes?*

R. Trois.

D. *Quelle est la première personne?*

R. Celle qui parle, comme *je*, *moi*, *nous*.

D. *Quelle est la seconde personne?*

R. Celle à qui l'on parle, comme *toi*, *vous*.

D. *Quelle est la troisième personne?*

R. Celle de qui on parle, comme *il*, *elle*, *eux*.

D. *Faites connoître les pronoms de la première personne.*

R.

(SINGULIER, MASCULIN *ou* FÉMININ).

Je *ou* moi.
De moi.
A moi.
Me *ou* moi, (comme dans : il *me* félicite, pour il félicite *moi*).
Me *ou* à moi, (comme dans : il *me* donne un livre, c'est-à-dire, il donne *à moi* un livre.

(PLURIEL, MASCULIN *ou* FÉMININ).

Nous.
De nous.
A nous.

D *Faites connoître les pronoms de la seconde personne.*

R.

(SINGULIER, MASCULIN *et* FÉMININ).

Tu *ou* toi.
De toi.
A toi.
Te, (pour *toi* ou *à toi*).

(PLURIEL, MASCULIN *et* FÉMININ).

Vous.
De vous.
A vous.

D. *Faites connoître les pronoms de la troisième personne.*

R.

(SINGULIER MASCULIN).

Il *et* lui.
De lui.
A lui.

(SINGULIER FÉMININ).

Elle.
D'elle.
A elle.

(PLURIEL MASCULIN).	(PLURIEL FÉMININ).
Ils *et* eux.	Elles.
D'eux.	D'elles.
A eux.	A elles.

(*Des deux genres et des deux nombres*).

Se, soi.
De soi.
A soi.

Remarque. En ajoutant à quelques-uns de ces pronoms le mot *même*, on a les pronoms moi-même, toi-même, lui-même, elle-même, nous-mêmes, vous-mêmes, eux-mêmes, elles-mêmes, soi-même.

DES PRONOMS POSSESSIFS.

D. *Qu'est-ce qu'un pronom possessif?*

R. C'est un pronom qui exprime la possession de quelque chose. On le nomme aussi pronom adjectif; comme *mon* livre, *ma* patrie, *mes* fleurs, *ton* ami, *leurs* amis.

D. *Donnez-en d'autres exemples appliqués à toutes les personnes.*

R. Ces pronoms se rapportent aux trois personnes, savoir :

Pour la 1.re Mon, ma, mes.
Le mien, la mienne, les miens, les miennes.
Notre, notre, nos.
Le nôtre, la nôtre, les nôtres.

Pour la 2.e Ton, ta, tes.
Le tien, la tienne, les tiens, les tiennes.
Votre, vos.
Le vôtre, la vôtre, les vôtres.

Pour la 3.e Son, sa, ses.
Le sien, la sienne, les siens, les siennes.
Leur, leurs.
Le leur, la leur, les leurs.

DES PRONOMS RELATIFS.

D. *Qu'est-ce qu'un pronom relatif?*

R. C'est un pronom qui se rapporte au nom précédent. Exemples : Dieu *qui* est saint; Dieu *que* nous adorons.

D. *Quels sont les pronoms relatifs?*

R.

Qui,
De qui, *ou* dont, } des deux genres et des deux nombres.
A qui.
Que *ou* lequel, laquelle, lesquels, lesquelles.
Duquel, de laquelle, desquels, desquelles.
Auquel, à laquelle, auxquels, auxquelles.

D. *N'y a-t-il pas d'autres pronoms relatifs?*

R. On peut compter parmi les pronoms relatifs les mots *qui* ou *que*, *lequel* ou *lesquels*, *laquelle* ou *lesquelles*, quand on s'en sert pour interroger.

D. *Donnez des exemples.*

R. Dans ces mots : *qui a créé le monde? quel livre lisez-vous?* Il est évident que les mots *qui*, *quel*, sont des pronoms relatifs, c'est-à-dire, des pronoms qui se rapportent à la chose dont il est question dans la réponse à l'interrogation.

DES PRONOMS DÉMONSTRATIFS.

D. *Qu'est-ce que le pronom démonstratif?*

R. C'est le pronom qui sert à montrer une personne ou une chose. On le nomme aussi pronom adjectif. Exemples : *ce* livre, *cet* arbre, *cette* fleur.

D. *Quels sont les pronoms démonstratifs?*

R.

	(MASCULIN).	(FÉMININ).
Singulier.	Ce, cet.	cette.
	De ce, de cet	de cette.
	A cè, à cet	à cette.
Pluriel.	Ces, de ces, à ces. . . .	ces, de ces, à ces.
Singulier.	Celui, de celui, à celui.	celle, de celle, à celle.
Pluriel.	Ceux, de ceux, à ceux. .	celles, de celles, à celles.
Singulier.	Celui-ci, celui-là	celle-ci, celle-là.
Pluriel.	Ceux-ci, ceux-là	celles-ci, celles-là.
Singulier.	Ceci, cela.	

DES PRONOMS INDÉFINIS.

D. *Qu'entendez-vous par pronom indéfini?*

R. C'est une sorte de pronom qui indique d'une manière générale les personnes ou les choses.

D. *Donnez-en des exemples.*

R. Ce sont les mots *on*, *quiconque*, *rien*, *chacun*, *aucun*, *personne*, et autres que l'usage apprendra.

CHAPITRE VI.

DU VERBE.

D. *QU'EST-CE que le verbe?*

R. C'est un mot qui sert à exprimer que l'on *est*, ou que l'on *agit*.

D. *Donnez des exemples.*

R. Le mot *être*, je *suis*, est un verbe qui exprime l'existence. Le mot *lire*, je *lis*, est un verbe qui exprime une action.

D. *A quoi connoît-on un verbe en français?*

R. Quand on peut y ajouter ces pronoms personnels, *je*, *tu*, *il*, *elle*, *nous*, *vous*, *ils*, *elles*.

D. *Donnez des exemples.*

R. Je *suis*. Tu *aimes*, il *aima*, nous *aimerons*.

D. *Combien y a-t-il de nombres dans le verbe?*

R. Deux : le *singulier* et le *pluriel*.

D. *Donnez des exemples.*

R. *Je lis*, *tu lis*, *il lit*, indiquent chacun le nombre singulier; *nous lisons*, *vous lisez*, *ils lisent*, indiquent le pluriel.

D. *Combien distinguez-vous de tems dans un verbe?*

R. Trois : le *présent*, le *passé* et le *futur*.

D. *Qu'est-ce que l'on appelle* mode *dans les verbes?*

R. *Mode* veut dire *manière*. Ainsi le *mode* est la manière de signifier comment on *est* ou l'on *agit* dans les trois tems, présent, passé ou futur.

D. *Combien y a-t-il de modes ou manières de signifier dans les verbes français?*

R. Il y en a cinq : 1.° l'indicatif; 2.° le conditionnel; 3.° l'impératif; 4.° le subjonctif; 5.° l'infinitif.

D. *Qu'est-ce que le mode indicatif?*

R. C'est la manière d'affirmer qu'une chose se fait, ou qu'elle s'est faite, ou qu'elle se fera.

D. *Qu'est-ce que le mode conditionnel?*

R. C'est la manière d'exprimer qu'une chose seroit, ou qu'elle auroit été, moyennant une condition.

D. *Qu'est-ce que le mode impératif?*

R. C'est la manière de s'exprimer quand on commande une chose.

D. *Qu'est-ce que le mode subjonctif?*

R. Le subjonctif est la manière d'exprimer quand on souhaite ou qu'on doute qu'une chose se fasse.

D. *Qu'est-ce que le mode infinitif?*

R. L'infinitif est la manière d'exprimer l'action ou l'état en général, sans nombre ni personne, comme *lire*, *être*, *aimer*, *prier*, etc.

D. *Qu'est-ce que conjuguer un verbe?*

R. C'est réciter de suite les différens modes d'un verbe avec tous leurs tems, leurs nombres et personnes.

D. *Combien y a-t-il de conjugaisons?*

R. Quatre. Les verbes de la première ont l'infinitif terminé en *er*, comme *aimer;* ceux de la seconde ont l'infinitif terminé en *ir*, comme *finir;* ceux de la troisième ont l'infinitif terminé en *oir*, comme *recevoir;* ceux de la quatrième ont l'infinitif terminé en *re*, comme *rendre*.

D. *Qu'est-ce que vous nommez verbes auxiliaires?*

R. Ce sont les deux verbes *avoir* et *être* que l'on nomme auxiliaires, parce qu'ils aident à conjuguer tous les autres.

CONJUGAISON DU VERBE AUXILIAIRE

Avoir.

MODE INDICATIF.

PRÉSENT.

J'ai.
Tu as.
Il *ou* elle a.
Nous avons.
Vous avez.
Ils *ou* elles ont.

IMPARFAIT.

J'avois.
Tu avois.
Il avoit.
Nous avions.
Vous aviez.
Ils avoient.

PRÉTÉRIT *ou* PASSÉ DÉFINI.

J'eus.
Tu eus.
Il eut.
Nous eûmes.
Vous eûtes.
Ils eurent.

PRÉTÉRIT *ou* PASSÉ INDÉFINI.

J'ai eu.
Tu as eu.
Il a eu.
Nous avons eu.
Vous avez eu.
Ils ont eu.

PRÉTÉRIT ANTÉRIEUR.

J'eus eu.
Tu eus eu.
Il eut eu.
Nous eûmes eu.
Vous eûtes eu.
Ils eurent eu.

PLUSQUE PARFAIT.

J'avois eu.
Tu avois eu.
Il avoit eu.
Nous avions eu.
Vous aviez eu.
Ils avoient eu.

FUTUR.

J'aurai.
Tu auras.
Il aura.
Nous aurons.
Vous aurez.
Ils auront.

FUTUR PASSÉ.

J'aurai eu.
Tu auras eu.
Il aura eu.
Nous aurons eu.
Vous aurez eu.
Ils auront eu.

MODE CONDITIONNEL.

PRÉSENT.

J'aurois.
Tu aurois.
Il auroit.
Nous aurions.
Vous auriez.
Ils auroient.

PASSÉ.

J'aurois eu.
Tu aurois eu.
Il auroit eu.
Nous aurions eu.
Vous auriez eu.
Ils auroient eu.

MODE IMPÉRATIF.

Aye.
Qu'il ait.
Ayons.
Ayez.
Qu'ils aient.

MODE SUBJONCTIF.

PRÉSENT *ou* FUTUR.

Que j'aye.
Que tu ayes.
Qu'il ait.
Que nous ayons.
Que vous ayez.
Qu'ils aient.

IMPARFAIT.

Que j'eusse.
Que tu eusses.
Qu'il eût.
Que nous eussions.
Que vous eussiez.
Qu'ils eussent.

PRÉTÉRIT.

Que j'aye eu.
Que tu ayes eu.
Qu'il ait eu.
Que nous ayons eu.
Que vous ayez eu.
Qu'ils aient eu.

PLUSQUE PARFAIT.

Que j'eusse eu.
Que tu eusses eu.
Qu'il eût eu.
Que nous eussions eu.
Que vous eussiez eu.
Qu'ils eussent eu.

MODE INFINITIF.

PRÉSENT.

Avoir.

PRÉTÉRIT.

Avoir eu.

PARTICIPE PRÉSENT.

Ayant.

PARTICIPE PASSÉ.

Eu, eue.

CONJUGAISON DU VERBE AUXILIAIRE

ÊTRE.

MODE INDICATIF.

PRÉSENT.

Je suis.
Tu es.
Il est.
Nous sommes.
Vous êtes.
Ils sont.

IMPARFAIT.

J'étois.
Tu étois.
Il étoit.
Nous étions.
Vous étiez.
Ils étoient.

PRÉTÉRIT DÉFINI.

Je fus.
Tu fus.
Il fut.
Nous fûmes.
Vous fûtes.
Ils furent.

PRÉTÉRIT INDÉFINI.

J'ai été
Tu as été.
Il a été.
Nous avons été.
Vous avez été.
Ils ont été.

PRÉTÉRIT ANTÉRIEUR.

J'eus été.
Tu eus été.
Il eut été.
Nous eûmes été.
Vous eûtes été.
Il eurent été.

PLUSQUE PARFAIT.

J'avois été.
Tu avois été.
Il avoit été.
Nous avions été.
Vous aviez été.
Ils avoient été.

FUTUR.

Je serai.
Tu seras,
Il sera.
Nous serons.
Vous serez.
Ils seront.

FUTUR PASSÉ.

J'aurai été.
Tu auras été.
Il aura été.
Nous aurons été.
Vous aurez été.
Ils auront été.

MODE CONDITIONNEL.

PRÉSENT.

Je serois.
Tu serois.
Il seroit.
Nous serions.
Vous seriez.
Ils seroient.

PASSÉ.

J'aurois été.
Tu aurois été.
Il auroit été.
Nous aurions été.
Vous auriez été.
Ils auroient été.

MODE IMPÉRATIF.

Sois.
Qu'il soit.
Soyons.
Soyez.
Qu'ils soient.

MODE SUBJONCTIF.

PRÉSENT.

Que je sois.
Que tu sois.
Qu'il soit.
Que nous soyons.
Que vous soyez.
Qu'ils soient.

IMPARFAIT.

Que je fusse.
Que tu fusses.
Qu'il fût.
Que nous fussions.
Que vous fussiez.
Qu'ils fussent.

PRÉTÉRIT.

Que j'aye été.
Que tu ayes été.
Qu'il ait été.
Que nous ayons été.
Que vous ayez été.
Qu'ils aient été.

PLUSQUE PARFAIT.

Que j'eusse été.
Que tu eusses été.
Qu'il eût été.
Que nous eussions été.
Que vous eussiez été.
Qu'ils eussent été.

MODE INFINITIF.

PRÉSENT.

Etre.

PRÉTÉRIT.

Avoir été.

PARTICIPE PRÉSENT.

Etant.

PARTICIPE PASSÉ.

Eté.

VERBES ACTIFS.

D. *Qu'entendez-vous par les verbes actifs?*

R. Les verbes actifs sont ceux qui indiquent une action, comme j'*aime* Dieu, je *cultive* la vertu.

D. *A quoi connoît-on que les verbes sont actifs?*

R. Lorsque l'on peut mettre après ces verbes les mots *quelqu'un*, *quelque chose*, comme dans l'exemple ci-dessus.

PREMIÈRE CONJUGAISON EN *ER*.

Aimer (*).

INDICATIF.

PRÉSENT.

J'aime.
Tu aimes.
Il aime.
Nous aimons.
Vous aimez.
Ils aiment.

IMPARFAIT.

J'aimois.
Tu aimois.
Il aimoit.
Nous aimions.
Vous aimiez.
Ils aimoient.

PRÉTÉRIT DÉFINI.

J'aimai.

(*) Et tous ceux qui ont la terminaison en *er*, comme *danser*, *jouer*, *chanter*, *etc.*

Tu aimas.
Il aima.
Nous aimâmes.
Vous aimâtes.
Ils aimèrent.

PRÉTÉRIT INDÉFINI.

J'ai aimé.
Tu as aimé.
Il a aimé.
Nous avons aimé.
Vous avez aimé.
Ils ont aimé.

PRÉTÉRIT ANTÉRIEUR.

J'eus aimé.
Tu eus aimé.
Il eut aimé.
Nous eûmes aimé.
Vous eûtes aimé.
Ils eurent aimé.

PLUSQUE PARFAIT.

J'avois aimé.
Tu avois aimé.
Il avoit aimé.
Nous avions aimé.
Vous aviez aimé.
Ils avoient aimé.

FUTUR.

J'aimerai.
Tu aimeras.
Il aimera.
Nous aimerons.
Vous aimerez.
Ils aimeront.

FUTUR PASSÉ.

J'aurai aimé.
Tu auras aimé.
Il aura aimé.
Nous aurons aimé.
Vous aurez aimé.
Ils auront aimé.

MODE CONDITIONNEL.

PRÉSENT.

J'aimerois.
Tu aimerois.
Il aimeroit.
Nous aimerions.
Vous aimeriez.
Ils aimeroient.

PASSÉ.

J'aurois aimé.
Tu aurois aimé.
Il auroit aimé.
Nous aurions aimé.
Vous auriez aimé.
Ils auroient aimé.

MODE IMPÉRATIF.

Aime.
Qu'il aime.
Aimons.
Aimez.
Qu'ils aiment.

MODE SUBJONCTIF.

PRÉSENT *ou* FUTUR.

Que j'aime.
Que tu aimes.
Qu'il aime.
Que nous aimions.
Que vous aimiez.
Qu'ils aiment.

IMPARFAIT.

Que j'aimasse.
Que tu aimasses.
Qu'il aimât.
Que nous aimassions.

Que vous aimassiez.
Qu'ils aimassent.

PRÉTÉRIT.

Que j'aie aimé.
Que tu ayes aimé.
Qu'il ait aimé.
Que nous ayons aimé.
Que vous ayez aimé.
Qu'ils aient aimé.

PLUSQUE PARFAIT.

Que j'eusse aimé.
Que tu eusses aimé.
Qu'il eût aimé.
Que nous eussions aimé.
Que vous eussiez aimé.
Qu'ils eussent aimé.

MODE INFINITIF.

PRÉSENT.

Aimer.

PASSÉ.

Avoir aimé.

PARTICIPE PRÉSENT.

Aimant.

PARTICIPE PASSÉ.

Aimé, aimée.

II.e CONJUGAISON, *en IR.* — *Finir.*

MODE INDICATIF.

PRÉSENT.

Je finis.
Tu finis.
Il finit.
Nous finissons.
Vous finissez.
Ils finissent.

IMPARFAIT.

Je finissois.
Tu finissois.
Il finissoit.
Nous finissions.
Vous finissiez.
Ils finissoient.

PRÉTÉRIT DÉFINI.

Je finis.
Tu finis.
Il finit.
Nous finîmes.
Vous finîtes.
Ils finirent.

PRÉTÉRIT INDÉFINI.

J'ai fini.
Tu as fini.
Il a fini.
Nous avons fini.
Vous avez fini.
Ils ont fini.

PRÉTÉRIT ANTÉRIEUR.

J'eus fini.
Tu eus fini.
Il eut fini.
Nous eûmes fini.
Vous eûtes fini.
Ils eurent fini.

PLUSQUE PARFAIT.

J'avois fini.
Tu avois fini.
Il avoit fini.
Nous avions fini.
Vous aviez fini.
Ils avoient fini.

FUTUR.

Je finirai.
Tu finiras.
Il finira.
Nous finirons.
Vous finirez.
Ils finiront.

FUTUR PASSÉ.

J'aurai fini.
Tu auras fini.
Il aura fini.
Nous aurons fini.
Vous aurez fini.
Ils auront fini.

MODE CONDITIONNEL.

PRÉSENT.

Je finirois.
Tu finirois.
Il finiroit.
Nous finirions.
Vous finiriez.
Ils finiroient.

PASSÉ.

J'aurois fini.
Tu aurois fini.
Il auroit fini.
Nous aurions fini.
Vous auriez fini.
Ils auroient fini.

MODE IMPÉRATIF.

Finis.
Qu'il finisse.
Finissons.
Finissez.
Qu'ils finissent.

MODE SUBJONCTIF.

PRÉSENT ou FUTUR.

Que je finisse.
Que tu finisses.
Qu'il finisse.
Que nous finissions.
Que vous finissiez.
Qu'ils finissent.

IMPARFAIT.

Que je finisse.
Que tu finisses.
Qu'il finît.
Que nous finissions.
Que vous finissiez.
Qu'ils finissent.

PRÉTÉRIT.

Que j'aye fini.
Que tu ayes fini.
Qu'il ait fini.
Que nous ayons fini.
Que vous ayez fini.
Qu'ils aient fini.

PLUSQUE PARFAIT.

Que j'eusse fini.
Que tu eusses fini.
Qu'il eût fini.
Que nous eussions fini.
Que vous eussiez fini.
Qu'ils eussent fini.

MODE INFINITIF.

PRÉSENT.

Finir.

PRÉTÉRIT.

Avoir fini.

PARTICIPE PRÉSENT.

Finissant.

PARTICIPE PASSÉ.

Fini, finie.

III.e CONJUGAISON, *en OIR*. —

Recevoir.

MODE INDICATIF.

PRÉSENT.

Je reçois.
Tu reçois.
Il reçoit.
Nous recevons.
Vous recevez.
Ils reçoivent.

IMPARFAIT.

Je recevois.
Tu recevois.
Il recevoit.
Nous recevions.
Vous receviez.
Ils recevoient.

PRÉTÉRIT DÉFINI.

Je reçus.
Tu reçus.
Il reçut.
Nous reçûmes.
Vous reçûtes.
Ils reçurent.

PRÉTÉRIT INDÉFINI.

J'ai reçu.
Tu as reçu.
Il a reçu.
Nous avons reçu.
Vous avez reçu.
Ils ont reçu.

PRÉTÉRIT ANTÉRIEUR.

J'eus reçu.
Tu eus reçu.
Il eut reçu.
Nous eûmes reçu.
Vous eûtes reçu.
Ils eurent reçu.

PLUSQUE PARFAIT.

J'avois reçu.
Tu avois reçu.
Il avoit reçu.
Nous avions reçu.
Vous aviez reçu.
Ils avoient reçu.

FUTUR.

Je recevrai.
Tu recevras.
Il recevra.
Nous recevrons.
Vous recevrez.
Ils recevront.

FUTUR PASSÉ.

J'aurai reçu.
Tu auras reçu.
Il aura reçu.

Nous aurons reçu.
Vous aurez reçu.
Ils auront reçu.

MODE CONDITIONNEL.

PRÉSENT.

Je recevrois.
Tu recevrois.
Il recevroit.
Nous recevrions.
Vous recevriez.
Ils recevroient.

PASSÉ.

J'aurois reçu.
Tu aurois reçu.
Il auroit reçu.
Nous aurions reçu.
Vous auriez reçu.
Ils auroient reçu.

MODE IMPÉRATIF.

Reçois.
Qu'il reçoive.
Recevons.
Recevez.
Qu'ils reçoivent.

MODE SUBJONCTIF.

PRÉSENT.

Que je reçoive.
Que tu reçoives.
Qu'il reçoive.
Que nous recevions.
Que vous receviez.
Qu'ils reçoivent.

IMPARFAIT.

Que je reçusse.
Que tu reçusses.
Qu'il reçût.
Que nous reçussions.
Que vous reçussiez.
Qu'ils reçussent.

PRÉTÉRIT.

Que j'aye reçu.
Que tu ayes reçu.
Qu'il ait reçu.
Que nous ayons reçu.
Que vous ayez reçu.
Qu'ils aient reçu.

PLUSQUE PARFAIT.

Que j'eusse reçu.
Que tu eusses reçu.
Qu'il eût reçu.
Que nous eussions reçu.
Que vous eussiez reçu.
Qu'ils eussent reçu.

MODE INFINITIF.

PRÉSENT.

Recevoir.

PRÉTÉRIT.

Avoir reçu.

PARTICIPE PRÉSENT.

Recevant.

PARTICIPE PASSÉ.

Reçu, reçue.

IV.e CONJUGAISON, *en RE.* — RENDRE.

MODE INDICATIF.

PRÉSENT.

Je rends.
Tu rends.
Il rend.
Nous rendons.
Vous rendez.
Ils rendent.

IMPARFAIT.

Je rendois.
Tu rendois.
Il rendoit.
Nous rendions.
Vous rendiez.
Ils rendoient.

PRÉTÉRIT DÉFINI.

Je rendis.
Tu rendis.
Il rendit.
Nous rendîmes.
Vous rendîtes.
Ils rendirent.

PRÉTÉRIT INDÉFINI.

J'ai rendu.
Tu as rendu.
Il a rendu.
Nous avons rendu.
Vous avez rendu.
Ils ont rendu.

PRÉTÉRIT ANTÉRIEUR.

J'eus rendus.
Tu eus rendu.
Il eut rendu.
Nous eûmes rendu.
Vous eûtes rendu.
Ils eurent rendu.

PLUSQUE PARFAIT.

J'avois rendu.
Tu avois rendu.
Il avoit rendu.
Nous avions rendu.
Vous aviez rendu.
Ils avoient rendu.

FUTUR.

Je rendrai.
Tu rendras.
Il rendra.
Nous rendrons.
Vous rendrez.
Ils rendront.

FUTUR PASSÉ.

J'aurai rendu.
Tu auras rendu.
Il aura rendu.
Nous aurons rendu.
Vous aurez rendu.
Ils auront rendu.

MODE CONDITIONNEL.

PRÉSENT.

Je rendrois.
Tu rendrois.
Il rendroit.
Nous rendrions.
Vous rendriez.
Ils rendroient.

PASSÉ.

J'aurois rendu.
Tu aurois rendu.
Il auroit rendu.
Nous aurions rendu.
Vous auriez rendu.
Ils auroient rendu.

MODE IMPÉRATIF.

Rends.
Qu'il rende.
Rendons.
Rendez.
Qu'ils rendent.

MODE SUBJONCTIF.

PRÉSENT *ou* FUTUR.

Que je rende.
Que tu rendes.
Qu'il rende.
Que nous rendions.
Que vous rendiez.
Qu'ils rendent.

IMPARFAIT.

Que je rendisse.
Que tu rendisses.
Qu'il rendît.
Que nous rendissions.
Que vous rendissiez.
Qu'ils rendissent.

PRÉTÉRIT.

Que j'aye rendu.
Que tu ayes rendu.
Qu'il ait rendu.
Que nous ayons rendu.
Que vous ayez rendu.
Qu'ils aient rendu.

PLUSQUE PARFAIT.

Que j'eusse rendu.
Que tu eusses rendu.
Qu'il eût rendu.
Que nous eussions rendu.
Que vous eussiez rendu.
Qu'ils eussent rendu.

MODE INFINITIF.

PRÉSENT.

Rendre.

PRÉTÉRIT.

Avoir rendu.

PARTICIPE PRÉSENT.

Rendant.

PARTICIPE PASSÉ.

Rendu, rendue.

DES VERBES PASSIFS.

D. *Qu'est-ce que le verbe passif?*

R. C'est un verbe qui exprime une action reçue, comme *je suis frappé*.

D. *Tous les verbes actifs ont-ils un passif?*

R. Oui, parce que toute action suppose quelqu'un ou quelque chose qui en est l'objet. Exemple : *j'aime Dieu, Dieu est aimé de moi.*

D. *Comment se conjugue un verbe passif?*

R. En joignant le participe passé du verbe actif à tous les tems et à tous les modes du verbe auxiliaire *Être.*

D. *Donnez-en un exemple.*

R. Etre aimé.

MODE INDICATIF.

PRÉSENT.

Je suis aimé *ou* aimée, tu es aimé *ou* aimée, il est aimé *ou* elle est aimée, nous sommes aimés *ou* aimées, vous êtes aimés *ou* aimées, ils sont aimés *ou* elles sont aimées.

IMPARFAIT.

J'étois aimé *ou* aimée, tu étois aimé *ou* aimée, il étoit aimé *ou* elle étoit aimée, nous étions aimés *ou* aimées, vous étiez aimés *ou* aimées, ils étoient aimés *ou* elles étoient aimées.

PRÉTÉRIT DÉFINI.

Je fus aimé *ou* aimée, tu fus aimé *ou* aimée, il fut aimé *ou* elle fût aimée, nous fûmes aimés *ou* aimées, vous fûtes aimés *ou* aimées, ils furent aimés *ou* elles furent aimées.

PRÉTÉRIT INDÉFINI.

J'ai été aimé *ou* aimée, tu as été aimé *ou* aimée, il a été aimé *ou* elle a été aimée, nous avons été aimés *ou* aimées, vous avez été aimés *ou* aimées, ils ont été aimés *ou* elles ont été aimées.

PRÉTÉRIT ANTÉRIEUR.

J'eus été aimé *ou* aimée, tu eus été aimé *ou* aimée, il eut été aimé *ou* elle eut été aimée, nous eûmes été aimés *ou* aimées, vous eûtes été aimés *ou* aimées, ils eurent été aimés *ou* elles eurent été aimées.

PLUSQUE PARFAIT.

J'avois été aimé *ou* aimée, tu avois été aimé *ou* aimée, il avoit été aimé *ou* elle avoit été aimée, nous avions été aimés *ou* aimées, vous aviez été aimés *ou* aimées, ils avoient été aimés *ou* elles avoient été aimées.

FUTUR.

Je serai aimé *ou* aimée, tu seras aimé *ou* aimée, il sera aimé *ou* elle sera aimée, nous serons aimés *ou* aimées, vous serez aimés *ou* aimées, ils seront aimés *ou* elles seront aimées.

FUTUR PASSÉ.

J'aurai été aimé *ou* aimée, tu auras été aimé *ou* aimée, il aura été aimé *ou* elle aura été aimée, nous aurons été aimés *ou* aimées, vous aurez été aimés *ou* aimées, ils auront été aimés *ou* elles auront été aimées.

MODE CONDITIONNEL.

PRÉSENT.

Je serois aimé *ou* aimée, tu serois aimé *ou* aimée, il seroit aimé *ou* elle seroit aimée, nous serions aimés *ou* aimées, vous seriez aimés *ou* aimées, ils seroient aimés *ou* elles seroient aimées.

PASSÉ.

J'aurois été aimé *ou* aimée, tu aurois été aimé *ou* aimée, il auroit été aimé *ou* elle auroit été aimée, nous aurions été aimés *ou* aimées, vous auriez été aimés *ou* aimées, ils auroient été aimés *ou* elles auroient été aimées.

MODE IMPÉRATIF.

Sois aimé *ou* aimée, qu'il soit aimé *ou* qu'elle soit aimée, soyons aimés *ou* aimées, soyez aimés *ou* aimées, qu'ils soient aimés *ou* qu'elles soient aimées.

MODE SUBJONCTIF.

PRÉSENT *ou* FUTUR.

Que je sois aimé *ou* aimée, que tu sois aimé *ou* aimée, qu'il soit aimé *ou* qu'elle soit aimée, que nous soyons aimés *ou* aimées, que vous soyez aimés *ou* aimées, qu'ils soient aimés *ou* qu'elles soient aimées.

IMPARFAIT.

Que je fusse aimé *ou* aimée, que tu fusses aimé *ou* aimée, qu'il fût aimé *ou* qu'elle fût aimée, que nous fussions aimés *ou* aimées, que vous fussiez aimés *ou* aimées, qu'ils fussent aimés *ou* qu'elles fussent aimées.

PRÉTÉRIT.

Que j'aye été aimé *ou* aimée, que tu ayes été aimé *ou* aimée, qu'il ait été aimé *ou* qu'elle ait été aimée, que nous ayons été aimés *ou* aimées, que vous ayez été aimés *ou* aimées, qu'ils aient été aimés *ou* qu'elles aient été aimées.

PLUSQUE PARFAIT.

Que j'eusse été aimé *ou* aimée, que tu eusses été aimé *ou* aimée, qu'il eût été aimé *ou* qu'elle eût été aimée, que nous eussions été aimés *ou* aimées, que vous eussiez été aimés *ou* aimées, qu'ils eussent été aimés *ou* qu'elles eussent été aimées.

MODE INFINITIF.

PRÉSENT.

Etre aimé *ou* aimée.

PRÉTÉRIT.

Avoir été aimé *ou* aimée.

PARTICIPE.

Aimé, aimée.

VERBES NEUTRES, RÉFLÉCHIS ET IMPERSONNELS.

D. *Qu'est-ce que les verbes neutres?*

R. Ce sont les verbes qui ne sont ni actifs ni passifs, c'est-à-dire, qui expriment simplement l'état d'une personne ou d'une chose, comme *languir*, *dormir*.

D. *Comment se conjuguent-ils?*

R. Les uns avec le verbe *être* et les autres avec

le verbe *avoir*, dans les tems où ces verbes sont employés : comme *je tombe*, *je suis tombé*; *je dors*, *j'ai dormi*, *j'avois dormi*.

D. *Qu'est-ce que les verbes réfléchis?*

R. Ce sont les verbes qui se conjuguent avec les pronoms personnels *me*, *te*, *se*, *nous*, *vous*, *se*, et avec le verbe auxiliaire *être*, comme je *me* repens, tu *te* repens, il *se* repent, elle *se* repent. Nous *nous* repentons, vous *vous* repentez, ils ou elles *se* repentent. Je *me suis* repenti, tu *t'es* repenti, etc.

D. *Qu'appelez-vous verbes impersonnels?*

R. Ceux qui n'ont que la troisième personne du singulier, comme *il faut*, *il a fallu*, *il auroit fallu*; *il pleut*, *il pleuvoit*, *il a plu*; *on dit*, *on disoit*, *on a dit*, etc.

D. *Sur quelles conjugaisons faut-il conjuguer les verbes neutres, réfléchis et impersonnels?*

R. Sur les conjugaisons en *er*, en *ir*, en *oir*, ou en *re*, suivant leur terminaison à l'infinitif; en observant pour les verbes neutres que le verbe auxiliaire *être* doit être quelquefois employé au lieu du verbe auxiliaire *avoir*, comme *je suis tombé*, et non pas *j'ai tombé*; *je suis venu*, et non pas *j'ai venu*, etc.

CHAPITRE VII.

DU PARTICIPE.

D. *Qu'est-ce que le participe?*

R. C'est un adjectif dérivé du verbe.

D. *Pourquoi le nomme-t-on participe?*

R. Parce qu'il tient de l'adjectif et du verbe.

D. *Donnez-en des exemples.*

R. L'enfant écoutant, le maître écouté, une leçon apprise, des parens aimés et vénérés.

CHAPITRE VIII.

DE L'ADVERBE.

D. *Qu'est-ce que l'adverbe?*

R. C'est un mot qui n'a ni genre ni nombre, et qui se joint le plus souvent à un verbe pour en déterminer la signification.

D. *Donnez des exemples d'adverbes pour marquer le tems.*

R. Aujourd'hui, demain, hier.

D. *Donnez des exemples d'adverbes pour assurer ou pour nier.*

R. Oui, assurément, certes, non, non pas, nullement.

D. *Dites-nous des adverbes de ressemblance.*

R. Ainsi, comme, si.

D. *Indiquez des adverbes de manière.*

R. Bien, fortement, généreusement, vertueusement, habilement.

D. *N'y a-t-il que ces adverbes?*

R. Il en est plusieurs autres que l'usage apprendra.

CHAPITRE IX.

DE LA PRÉPOSITION.

D. *Qu'est-ce qu'une préposition ?*

R. C'est un mot qui n'indique ni le nombre ni le genre du nom ou du pronom; mais qui indique la position ou le rapport des personnes et des choses.

D. *Donnez des exemples.*

R. Les mots *pour*, *après*, *chez*, *avant*, *dans*, *sur*, *sous*, *entre*, etc. sont des prépositions.

D. *N'y a-t-il pas des articles que l'on peut considérer comme prépositions ?*

R. Oui. Les mots *du*, *des*, *au*, *aux*, sont composés d'un article et d'une préposition. Aussi on nomme ces articles *des articles prépositifs*.

D. *Donnez des exemples.*

R. On dit *du* livre, au lieu *de* le livre. On dit *des* hommes, pour *de* les hommes; *aux* hommes, pour *à* les hommes, etc. Dans ces exemples les mots *de*, *à*, sont prépositions; les mots *le*, *les*, sont articles.

CHAPITRE X.

DE LA CONJONCTION.

D. Qu'est-ce *qu'une conjonction ?*

R. C'est un mot qui n'a ni nombre ni genre, et qui sert à lier les parties du discours.

D. *Donnez des exemples.*

R. Les mots *et*, *mais*, *aussi*, *donc*, *car*, *si*, etc. sont des conjonctions.

CHAPITRE XI.

DE L'INTERJECTION.

D. Qu'est-ce *que l'interjection ?*

R. C'est un mot qui n'a ni nombre ni genre, et qui sert à marquer les différens mouvemens de l'ame.

D. *Donnez des exemples.*

R. Les mots *ho !* *ha !* *hélas !* sont des interjections.

CHAPITRE XII.

SUPPLÉMENT AUX CHAPITRES DES ADJECTIFS ET DES ADVERBES.

D. *Combien y a-t-il de degrés de signification dans les adjectifs et dans les adverbes?*

R. Trois : le positif, le comparatif et le superlatif.

D. *Qu'est-ce que le positif?*

R. Ce n'est autre chose que l'adjectif ou l'adverbe simple, comme *saint*, *saintement*, *vertueux*, *vertueusement*.

D. *Qu'est-ce que le comparatif?*

R. C'est la signification de l'adjectif ou de l'adverbe dans un plus haut degré, comme *plus* saint, *plus* saintement.

D. *A quoi connoît-on le comparatif?*

R. Quand il y a le mot *plus* devant un adjectif ou un adverbe.

D. *Qu'est-ce que le superlatif?*

R. C'est la signification de l'adjectif ou de l'adverbe dans le plus haut degré, comme *le plus* saint, *le plus* vertueux, *le plus* saintement, *très*-saint, etc.

D. *A quoi connoît-on le superlatif?*

R. Quand devant un adjectif ou un adverbe il y a les mots *le plus*, *la plus*, *très*, *fort*, comme *le plus* sage, *la plus* vertueuse, *très*-bien, *fort* bien. C'est encore un superlatif quand devant le mot *plus* il y a les pronoms *mon*, *ton*, *son*, *notre*, *votre*, *leur*, comme *mon plus fidèle ami*.

CHAPITRE XIII.

REMARQUES PARTICULIÈRES.

1. Les noms terminés au singulier par *s*, *x*, *z*, ne changent point au pluriel. On écrit et on prononce *le fils*, *les fils*; *la voix*, *les voix*; *le nez*, *les nez*.

2. Les noms en *al* et *ail* font au pluriel *aux*, comme *animal*, *animaux*. Il y a peu d'exceptions.

3. Les noms en *eau*, *eu*, *ou*, prennent *x* au pluriel, comme *le bateau*, *les bateaux*; *le feu*, *les feux*; *le caillou*, *les cailloux*.

4. Les mots *œil*, *aïeul* et *ciel* font au pluriel, *les yeux*, *les aïeux*, *les cieux*.

5. L'adjectif s'accorde en genre et en nombre avec le nom auquel il se rapporte. Exemples : *Dieu saint*, *les femmes vertueuses*.

6. Quand un adjectif se rapporte à deux noms, on met cet adjectif au pluriel, parce deux singuliers valent un pluriel. Exemples : *le père et le fils vertueux*, *la mère et la fille vertueuses*.

7. Quand un adjectif se rapporte à deux noms de différens genres, l'adjectif se met au masculin. Exemple : *le père et la mère vertueux*.

8. L'adjectif qui suit immédiatement le verbe *être*, se met au même nombre et au même genre que le nom ou le pronom qui précède le verbe, et auquel il se rapporte. Exemples : *Dieu est saint, les écoliers sont aimés quand ils sont dociles.*

9. On distingue trois tems dans les verbes, qui sont le présent, le passé et le futur. Le présent marque que la chose se fait actuellement, comme *je lis;* le passé, ou prétérit, ou parfait, marque une chose faite, comme *j'ai lu*; le futur marque une chose qui se fera, comme *je lirai.*

10. On distingue trois sortes de prétérit (ou passé), savoir : l'imparfait, *je lisois*; le parfait, *j'ai lu*, *je lus* et *j'eus lu;* enfin le plusque parfait, *j'avois lu.*

11. On distingue deux sortes de futur : le futur simple, *je lirai;* le futur passé, *j'aurai lu.*

12. On appelle *nominatif* ou *sujet* du verbe le nom ou pronom dont on parle, et qui *est* ou qui *agit*. Exemples : *Dieu* est saint, *je* lis; *Dieu* est le nominatif du verbe *est; je* est le nominatif du verbe *lis.*

13. Tout verbe, quand il n'est pas à l'infinitif, s'accorde avec son nominatif en nombre et en personne. Exemples : *je lis*; le pronom *je* est de la première personne au singulier; le verbe *lis* l'est aussi. *Vous riez et ils pleurent. Vous riez*, seconde personne pluriel; *ils pleurent*, troisième personne pluriel.

14. Quand un verbe a deux nominatifs singuliers, on met ce verbe au pluriel, parce que deux singuliers valent un pluriel.

15. Dans toute phrase on distingue trois sortes

de choses, le nominatif, le verbe et le régime. Exemple : *j'aime Dieu*; *je* est le nominatif ou le sujet de l'action; *aime* est le verbe qui exprime l'action; *Dieu* est le régime, c'est-à-dire, l'objet ou le terme de l'action. Les verbes ont aussi quelquefois un régime indirect. Exemple : j'écris une lettre *à mon fils*; *une lettre* est le régime direct, *à mon fils* est le régime indirect.

16. Les prépositions ont un régime. Exemples: *sur* l'autel, *devant* Dieu, *dans* la campagne: *l'autel*, *Dieu*, *la campagne*, sont les régimes. C'est ce qui distingue une préposition d'un adverbe.

17. La seconde personne du verbe au singulier prend un *s* à la fin du mot. Exemples : tu aim*es*, tu aim*as*, tu aimer*as*, etc. Cette remarque ne s'applique pas aux tems composés des participes. Exemples : tu as aim*é*, tu seras aim*é*, etc.

18. Il faut distinguer le mot *en* pronom, du mot *en* préposition. Exemple : j'ai vu votre maison et j'*en* admire la beauté, c'est-à-dire, la beauté d'elle. *En* est ici un pronom. Mais dans cette phrase : j'irai *en* France, le mot *en* est préposition.

19. Il faut distinguer le mot *a* (troisième personne du verbe *avoir*) du mot *à* préposition. Le premier n'a jamais d'accent, le second en a toujours. Exemples : il *a* de la vertu, rendez hommage *à* la vertu.

20. Même remarque pour le mot *ou* conjonction, et le mot *où* adverbe. Ce dernier prend toujours l'accent. Exemples : j'irai à Paris *ou* à

Rouen, *ou* est conjonction ; j'irai à Paris *où* m'appelle une affaire pressante, *où* est adverbe.

21. Même remarque pour *la* article et *là* adverbe. Exemple : j'aime *la* campagne, c'est *là* que l'on est heureux. Le premier *la* est un article, et ne prend point d'accent ; le second *là* est adverbe, et prend toujours l'accent.

22. Il ne faut pas confondre le mot *leur*, pronom personnel, avec le mot *leur*, pronom possessif.

Leur, pronom personnel, signifie *à eux* ou *à elles*, et ne prend jamais d'*s*. Le second exprime la possession, et prend une *s* quand il est au pluriel. Exemple : il *leur* envoya *leurs* livres ; c'est-à-dire, il envoya *à eux* les livres d'*eux*.

23. On emploie toujours les grandes lettres en écrivant quand on commence une phrase ou des vers, et lorsqu'on écrit des noms d'homme, de dignité, de pays, de fleuve, etc.

24. Quand le sens d'une phrase est entièrement fini, on termine la phrase par un point (.). Exemple : *le mensonge est un crime aux yeux de Dieu et une bassesse devant les hommes.*

25. Le point et la virgule (;) ou les deux points (:) servent à lier ou à éclaircir deux phrases qui dépendent l'une de l'autre. Exemple : *la vertu est quelquefois pénible ; elle seule peut assurer le bonheur.*

26. La virgule (,) indique où il faut s'arrêter légèrement. Exemple : *la véritable pauvreté, pour être estimable, doit être laborieuse, patiente et soumise à Dieu.*

27. L'apostrophe (') indique le retranchement d'une voyelle, 1.° dans les articles *le* et *la*, comme *l'homme* pour *le homme*; *l'ame* pour *la ame*. 2.° Dans plusieurs pronoms, comme dans *il m'a dit* pour *il me a dit*; *j'irai* pour *je irai*, etc. 3.° Dans plusieurs autres mots que l'usage apprendra, comme dans *s'il* pour *si il*; *quelqu'un* pour *quelque un*; *entr'eux* pour *entre eux*, etc.

28. Le point d'interrogation (?) se met à la fin d'une phrase où l'on interroge, comme dans celle-ci : *Quoi de plus beau que la vertu*? Et le point d'admiration ou d'exclamation (!) se met après les phrases qui expriment l'une et l'autre.

29. On distingue trois accens : l'accent aigu (') comme dans *bonté*; l'accent grave (`) comme dans *procès*; l'accent circonflèxe (^) comme dans *apôtre*, *évêque*, etc.

Nous devons borner ici ces élémens puisqu'il s'agit moins d'enseigner la grammaire dans les petites écoles, que de joindre à l'art *manuel* d'écrire les premières notions de l'orthographe. Or, ces notions dépendent principalement du soin que le maître se donnera pour accoutumer ses écoliers à ne pas employer le singulier pour le pluriel, ni à confondre les genres ou les personnes, dans les noms, les adjectifs et les verbes.

Quant à l'orthographe des mots, elle s'apprend uniquement par l'attention et par l'usage. Ainsi le maître interrogera souvent ses écoliers sur la manière dont on écrit tel ou tel mot de la leçon de lecture. Cet exercice répété journellement excitera l'attention de l'école entière et produira le meilleur effet.

Les principes de la langue française se trouvent répandus dans un très-grand nombre de livres ; mais depuis 25 ans on a multiplié à l'excès les systêmes de grammaire, et les maîtres ne pourroient que s'égarer ou s'exposer à la plus étrange confusion, s'ils ne savoient se borner à un auteur bien connu. Les grammaires françaises de Lhomond et de Gueroult sont les seules que les maîtres des petites écoles peuvent se procurer. Ils doivent surtout n'admettre pour l'orthographe que celle de l'Académie française. Le vocabulaire de *Wailly* (qu'il ne faut pas confondre avec la grammaire de même nom), leur sera d'un très-grand secours pour écrire les mots d'une manière certaine et invariable.

DES ÉLÉMENS DU CALCUL.

Nous répétons qu'il ne s'agit pas de former nos écoliers à la théorie de l'*Arithmétique*. L'article 5 du décret du 17 mars 1808, ne parle que *des premières notions du calcul.*

Ainsi nous nous occuperons seulement des quatre premières règles, et du calcul décimal appliqué au nouveau système des poids et mesures.

CHIFFRES ET NUMÉRATION.

Le maître accoutumera peu à peu les enfans à former des chiffres à mesure qu'ils écriront.

Tantôt ils mettront la date de leur leçon d'écriture, tantôt ils feront toute la série des chiffres dans l'ordre de la numération, 1. 2. 3. 4, etc.; quelquefois ils écriront les chiffres en proportion croissante, 1. 2. 4. 8. 16, etc., ou en proportion décroissante, 16. 8. 4. 2. 1. Cet exercice qui ne devra point avoir lieu sous la forme de leçon, et qui en apparence n'aura pour but que d'apprendre aux enfans à faire des chiffres, leur en apprendra sans peine la combinaison.

Quand un écolier pourra entrer dans la classe de calcul, on commencera toujours par les opérations les plus simples.

On lui expliquera :

Qu'il y a neuf caractères ou chiffres pour représenter les unités, savoir : 1. 2. 3. 4. 5. 6. 7. 8. 9;

Et que l'unité est représentée par le chiffre 1, mais que tous les autres caractères ne représentent que des collections d'unités.

Il leur fera concevoir cette idée à peu près ainsi:

Unité.		1
Deux unités. .	1. . . . . 1.	2
Trois unités. .	1. . . . . 1. . . . . 1.	3
Quatre unités.	1. . . . . 1. . . . . 1. . . . . 1.	4
Cinq unités. . .	1. . . . . 1. . . . . 1. . . . . 1. . . . . 1.	5

Il leur dira de même que les dizaines sont des collections de dix unités.

Une dizaine.	10
Vingt (ou collection de deux dizaines).	20
Trente (ou collection de trois dizaines).	30
Quarante.	40

et de même jusqu'à *cent*.

Cent (ou collection de dix dizaines). .	100
Cent dix (ou collection de 11 dizaines).	110
Cent vingt, etc.	120
Mille (ou collection de 10 centaines).	1000
Dix mille (ou collection de dix fois mille).	10,000
Cent mille.	100,000
Million.	1,000,000
Dix millions.	10,000,000
Cent millions.	100,000,000

Par de pareils tableaux les enfans verront et concevront que le caractère *zéro* (0), qui n'a par lui-même aucune valeur, sert à donner aux nombres une valeur dix fois, ou cent fois, ou mille fois, ou dix mille fois, etc. plus grande, si l'unité est avancée d'un rang, de deux rangs, ou de trois ou de quatre rangs sur la gauche.

Ces idées étant devenues peu à peu familières à l'écolier, on lui fera faire des additions d'abord très-simples et progressivement plus compliquées.

DE L'ADDITION.

L'Addition est une opération qui a pour but de réunir plusieurs sommes en une seule.

Manière d'opérer. Ecrivez les unités sous les unités, le dizaines sous les dizaines, les centaines sous les centaines, etc.; soulignez le dernier nombre, écrivez au-dessous les nombres contenus dans chaque colonne en commençant par la colonne des unités. Si les nombres trouvés contiennent plus de 9 unités, vous réserverez les dizaines pour les joindre à la colonne suivante. Le résultat de l'addition se nomme *somme* ou *total*.

EXEMPLES.

2	3	3
1	2	4
somme 3	2	1
		1
	7	
		9

Dans ces exemples où il n'y a qu'une colonne d'unités, l'opération se borne à écrire sous chaque colonne la *somme* des nombres que contient chacune de ces colonnes. On appelle *somme* le résultat de l'addition.

2
5
2
1
somme 10

Le maître fera faire l'opération de cette manière : 2 plus 5 égale 7 plus 2 égale 9 plus 1 égale 10, je place le *zéro* sous la colonne des unités, et je place à gauche le chiffre 1 qui est une dizaine.

Nota. Pour abréger on se sert du signe + pour dire *plus*, et du signe = pour dire *égale*.

3
4
3
2
somme 12

Opération. 3 + 4 = 7 + 3 = 10 + 2 = 12, en 12 je trouve deux unités et une dizaine, je place 2 sous la colonne des unités, et je place 1 à gauche pour représenter dix unités. Ce chiffre réuni au chiffre 2 à droite forme le total 12.

	9
	10
	21
	33
somme	73

Opération. Je commence par la première colonne à droite, c'est-à-dire, par les unités, 9 + 0 = 9 + 1 = 10 + 3 = 13, je pose 3 sous les unités et je retiens la dizaine pour la compter avec les chiffres de la colonne des dizaines, et je dis 1 de retenu + 1 = 2 + 2 = 4 + 3 = 7, total 7 dizaines 3 unités ou 73.

	1622
	2253
	1794
	2331
som.	8000

Opération. 2 + 3 = 5 + 4 = 9 + 1 = 10, je pose 0 et retiens 1 (dizaine.)

1 de retenue + 2 = 3 + 5 = 8 + 9 = 17 + 3 = 20, je pose 0 et retiens 2 (centaines.)

2 de retenue + 6 = 8 + 2 = 10 + 7 = 17 + 3 = 20, je pose 0 et retiens 2 (mille.)

2 de retenue + 1 = 3 + 2 = 5 + 1 = 6 + 2 = 8, que je pose sous la colonne des mille.

Avec un peu d'attention ou d'exercice, l'addition ne présente aucune difficulté, même quand elle se fait avec des fractions de l'unité principale, comme les *sols* ou les subdivisions des mesures.

	249 l.	2 s.
	152	12
	40	18
som.	442	12

Je commence par la colonne des sols, et je dis : 2 + 2 = 4 + 8 = 12, je pose 2 et retiens 1 (qui vaut 10 s.)

1 de retenue + 1 = 2 + 1 = 3. Ces trois dizaines valent une livre plus une dizaine de sols, je pose 1 (dizaine) et je retiens 1 (livre) que

je porte à la colonne des livres, et je finis l'opération comme les précédentes.

DE LA SOUSTRACTION.

La soustraction est une opération qui a pour but de *soustraire* ou ôter un nombre d'un autre nombre de même espèce qui est plus grand, et d'en trouver la *différence* ou *le reste*.

EXEMPLES.

De . . . 3	De . . . 6	De . . . 9
Otez . . 1	Otez . . 4	Otez . . 5
Reste. . 2	Reste. . 2	Reste. . 4

Manière d'opérer. Vous placez d'abord le nombre le plus grand et vous mettez au-dessous celui qui est à soustraire. Vous soulignez ce nombre et vous écrivez le reste au-dessous. S'il y a des dizaines, des centaines, etc., vous placez les unités sous les unités, les dizaines sous les dizaines, les centaines sous les centaines, et vous opérez de la manière suivante :

EXEMPLES.

De.......12	De.......25	De 349
Otez 11	Otez 14	Otez...229
Reste.... 1	Reste ...11	Reste ..120

Vous retranchez les unités des unités, en disant (3.ᵉ exemp.) 9 de 9 reste 0. Passant aux dizaines, vous avez : 2 de 4 reste 2. Enfin passant aux centaines, vous dites : 2 de 3 reste 1.

Ces trois restes qui représentent la différence des unités, des dizaines et des centaines, forment le reste total 120.

Mais il arrive souvent qu'un des chiffres inférieurs se trouve plus grand que le chiffre supérieur, comme dans cet exemple :

De.	38
Otez. . . .	29
Reste . . .	9

Vous voyez que le chiffre 9 des unités ne peut se retrancher du chiffre supérieur 8 ; alors il faut joindre à ce chiffre 8 une dizaine que l'on emprunte sur le chiffre 3 de la colonne des dizaines ; ce qui vous donne 18, dont vous retranchez 9 : le reste est 9, que vous écrivez sous les unités. Passant aux dizaines, vous avez à retrancher 2 du chiffre supérieur 3 ; mais vous avez emprunté 1 (dizaine) sur ce chiffre 3, et vous n'avez plus que 2 (dizaines) ; vous en retranchez le chiffre inférieur, et il ne vous reste rien pour les dizaines. Ainsi la différence des deux nombres est 9 unités.

En effet, vous pouvez considérer 38 comme un nombre composé de deux dizaines et 18 unités. Le nombre inférieur 29 sera de même considéré comme composé de 2 dizaines et 9 unités ; en faisant les opérations séparément, vous trouverez le résultat suivant :

De. . . .	20	+	18	=	38
Otez. . .	20	+	9	=	29
Reste . .	0	+	9	=	9

Tous les autres exemples ne présentent pas plus de difficultés.

493	493 l. 15 s.	229 l. 5 s.
299	299 14	221 6
194	194 1	7 19

Dans le dernier exemple, vous ne pouvez pas retrancher 6 s. de 5 s.; mais vous empruntez sur la colonne des unités de livres, une unité qui vaut 20 s., lesquels joints aux 5 s. = 25 s. Vous en retranchez les 6 s. inférieurs, et il reste 19 s. Passant aux livres, vous retranchez 1 de 9 moins 1, c'est-à-dire, moins l'unité de livre que vous avez réunie aux 5 s. : le reste est 7.

49598 l.	4 s.
23487	6
26110	18

Lorsque dans le nombre supérieur on trouve un *zéro* ou des zéro, l'opération se borne à emprunter sur le premier chiffre à gauche.

EXEMPLE :

De..... 40	Dites : 9 de 0 cela ne se peut,
Otez .. 39	J'emprunte sur les dizaines 1 qui
Reste.. 1	vaut 10, j'ote 9 de 10, reste 1.

Passant à la colonne des dizaines, j'ai 3 à retrancher de 4 moins 1, c'est-à-dire, moins la dizaine empruntée : il reste 0. Cette opération peut se décomposer ainsi :

De. . .	30	+	10	=	40
Otez. . .	30	+	9	=	39
Reste . .	0	+	1	=	1

S'il se trouve plusieurs zéro, il faut de même

emprunter sur le premier chiffre qui se trouve à la gauche des zéro.

EXEMPLE :

De.	400
Ôtez. . . .	399
Reste . . .	1

NOTA. *Pour abréger les démonstrations, nous emploierons le signe (—), qui signifie* moins.

Dans cette opération, je dis : 0 — 9 ne peut; j'emprunte 1 au chiffre des dizaines : mais ce chiffre des dizaines est lui-même un 0, alors j'emprunte 1 sur le chiffre des centaines; ce 1 vaut dix dizaines, et j'en prends une de laquelle je soustrais les 9 unités, et je dis : 10 — 9 = 1.

Passant à la colonne des dizaines, je trouve 9 à retrancher de 0 ; mais j'ai déjà emprunté (pour ce 0 de dizaines) 1 sur le chiffre des centaines, c'est-à-dire 10 dizaines, et sur ces 10 dizaines j'en ai pris *une* que j'ai réunie au chiffre des unités, il reste donc 9 dizaines dont je retranche le chiffre 9 des dizaines inférieures, et je dis 9 — 9 = 0.

Passant enfin à la colonne des centaines, et considérant que j'ai emprunté 1 sur le chiffre des centaines qui est 4, je dis : 3 — 3 = 0; en effet, de 400 retranchez 399, il ne peut rester que l'unité. Cette opération à laquelle toutes les autres les plus compliquées peuvent se rapporter, se réduit à celle-ci :

De	390	+	10	=	400
Otez . . .	390	+	9	=	399
Reste. . .	0	+	1	=	1

AUTRES EXEMPLES.

De 4002	De 1060802	De 5981 l. 12 s.
2193	979099	342 15
1809	81703	255 17

Preuve de l'addition et de la soustraction.

La preuve de l'addition se fait par la soustraction : elle consiste à retrancher de la somme totale les sommes partielles de chaque colonne, en commençant par la gauche. Si l'addition a été bien faite, il ne doit y avoir aucun reste pour la dernière colonne, c'est-à-dire au-dessous des unités.

EXEMPLE :

Addition..	594
	936
	222
Somme.....	1752
Preuve......	110

La colonne le plus à gauche est ici celle des centaines. Elle contient 16 unités de centaines. Si vous retranchiez 1600 des 1752 qui sont le total de l'addition, vous auriez un reste de 152 ; mais pour abréger, vous retranchez seulement les 16 centaines des 17 centaines supérieures, et il reste 1. Remarquez que ce 1 (unité de centaine) est précisément la retenue faite sur la colone des dizaines dans l'addition primitive.

Vous passez à la 2.e colonne, et vous additionnez 9 + 3 + 2 = 14, c'est-à-dire *quatorze dizaines*. Vous les retranchez du nombre 15 formé avec la première différence 1 (qui vaut 10 dizaines) et les 5 unités de dizaines écrites sous la 2.e colonne. Cette soustraction 14 de 15 donne encore 1 ; cette différence 1 (dizaine) jointe aux 2 (unités) écrites sous la colonne des unités, forme 12, dont vous retranchez la somme des chiffres 4 + 6 + 2 de la même colonne. Si vous ne trouvez pas 0 pour résultat de cette dernière soustraction, l'addition a été mal faite.

Il est évident qu'il ne doit rien rester, puisque d'un tout vous ôtez successivement les parties qui le composent.

Si la preuve de l'addition se fait par la soustraction, la preuve de la soustraction se fait par l'addition.

La preuve de la soustraction consiste à faire faire l'addition du nombre que l'on retranche et du reste que l'on a trouvé. Si ces deux nombres réunis ne forment pas le nombre supérieur, la soustraction a été mal faite.

EXEMPLES :

De	493	De .	229 l.	12 s.
Otez	299		221	6
Reste.	194		8	6
Ajoutez le nombre retranché. .	299		221	6
Vous retrouvez	493		229	12

Cette opération est fondée sur ce que le plus petit de deux nombres ajouté au reste, reproduit nécessairement le plus grand.

DE LA MULTIPLICATION.

La multiplication est une addition abrégée.

En effet, multiplier 2 par 2, c'est répéter deux fois le nombre 2 pour en avoir la somme.

Multiplier 229 par 130, c'est répéter cent trente fois le nombre 229 pour en avoir la somme.

Mais cette sorte d'addition ne pouvant être que longue, et se trouvant le plus souvent impossible, on a cherché et l'on a trouvé des moyens pour l'abréger : c'est ce qu'on nomme *multiplication*.

Le nombre à *multiplier* se nomme *multiplicande*;

Le nombre qui *multiplie* se nomme *multiplicateur*;

Le résultat de la multiplication se nomme *produit*.

Pour trouver le *produit* de la multiplication, il faut répéter le multiplicande autant de fois que l'unité est contenue dans le multiplicateur.

EXEMPLE :

5. . . (multiplicande.)
3. . . (multiplicateur.)
15. . . (produit.) trois fois 5 = 15.

On attribue à Pythagore, ancien philosophe, une table qui porte son nom et qui indique les produits des chiffres l'un par l'autre : elle est aussi simple qu'ingénieuse. On écrit d'abord les 9 caractères sur une même ligne horizontale ou verticale; et si l'on ajoute, dans le même sens, chaque chiffre à lui-même, la table se trouve formée. Ainsi la première ligne est 1, 2, 3, 4, 5, 6, 7, 8, 9; la seconde est 2, 4, 6, 8, etc.; la troisième est 3, 6, 9, 12, etc.

EXEMPLE:

TABLE DE PYTHAGORE.

1	2	3	4	5	6	7	8	9
2	4	6	8	10	12	14	16	18
3	6	9	12	15	18	21	24	27
4	8	12	16	20	24	28	32	36
5	10	15	20	25	30	35	40	45
6	12	18	24	30	36	42	48	54
7	14	21	28	35	42	49	56	63
8	16	24	32	40	48	56	64	72
9	18	27	36	45	54	63	72	81

Cette table vous indique le produit des nombres que vous avez à multiplier. En effet, pour avoir le produit de 7 par 9, vous cherchez la ligne du multiplicande 9 et la ligne du multiplicateur 7; le produit se trouve nécessairement sur la ligne du multiplicande 9, au-dessous de la ligne du multiplicateur 7; dans cet exemple vous avez 63.

Multiplication par un seul chiffre.

$$\begin{array}{rl} 342 & \text{(multiplicande).} \\ 3 & \text{(multiplicateur).} \\ \hline 1026 & \text{(produit).} \end{array}$$

Nota. On se servira du signe (×) pour dire *multiplié par.*

Manière d'opérer. Ecrivez le multiplicateur sous les unités du multiplicande ; multipliez d'abord le chiffre des unités. Si ce premier produit partiel est moins grand que 10, vous le posez sans retenue sous le multiplicateur. Si vous trouvez 10 vous posez 0 et retenez 1 pour le joindre au produit partiel du chiffre suivant. Si vous trouvez plus de 10, vous posez seulement les unités et vous retenez les dizaines ; vous ferez de même pour les dizaines, les centaines, etc. du multiplicande, en ajoutant à chaque produit partiel la retenue qui aura été faite dans le produit partiel précédent.

Dans l'exemple ci-dessus vous dites $2 \times 3 = 6$, je pose 6 sans retenue ; passant aux dizaines, $4 \times 3 = 12$, je pose 2 et retiens 1 ; enfin passant aux centaines, $3 \times 3 = 9$ plus un de retenu $= 10$. La somme des produits partiels est 1026.

Vous trouverez également ce produit si, au lieu de multiplier 342 par 3, vous faites l'addition du nombre 342 disposé de cette manière ;

$$\begin{array}{r} 342 \\ 342 \\ 342 \\ \hline 1026 \end{array}$$

Multiplication par plusieurs chiffres.

Manière d'opérer. 1.° Ecrivez les unités sous les unités, les dizaines sous les dizaines, les centaines sous les centaines, etc. 2.° Multipliez tous les chiffres du multiplicande par le chiffre des *unités* du multiplicateur; écrivez ce produit partiel en posant les unités sous les unités, etc. 3.° Multipliez de même tous les chiffres du multiplicande par le chiffre des *dizaines* du multiplicateur; écrivez ce produit sous le premier, avec l'attention de l'avancer d'un rang sur la gauche, c'est-à-dire, de placer le premier chiffre sous le centaines, le second sous les mille, ainsi des autres. 5.° Additionnez tous ces produits; la somme sera le produit total,

EXEMPLE:

```
  2354
   134
------
  9416 Produit partiel du mult.de par les unités du mult.teur
 7062. Produit partiel du mul.de par les dizaines du mult.teur
2354.. Produit partiel du mul.de par les centaines du mul.teur
------
315436 Somme des produits partiels ou produit de la mult.tion
```

Cet exemple présente des dizaines, centaines et mille au multiplicande, des dizaines et centaines au multiplicateur; il est évident que si l'on avoit mis chaque produit partiel, sans distinguer s'il étoit produit des unités, des dizaines ou des centaines, le produit total eût été *cent* fois trop petit. En effet le premier produit représente 9416 unités; le second représente 7062 dizaines, et le troisième représente 2354 centaines; il falloit donc les avancer chacun d'un rang sur la gauche selon qu'ils appartenoient aux dizaines ou aux centaines.

Cette opération peut se décomposer ainsi :

2354	2354	2354
100	30	4
235400	70620	9416

En réunisant les trois produits, unités sous unités, dizaines sous dizaines, centaines sous centaines, vous aurez.

9416. . . produit de 2354	par les unités. . .	4
70620. . . produit.	par les dizaines.	30
235400. . . produit	par les centaines	100
Produit égal 315436.	multiplicateur égal.	134

Dans les exemples ci-dessus, il y a des zéro à la fin du multiplicateur; nous avons opéré comme s'ils n'existoient pas, mais nous les avons ajoutés au produit, parce que sans cela le produit eût été trop petit. Voici d'autres exemples :

```
     349500
      25900
   ----------
     000000
    000000.
   3145500..
  1747500...
  699000....
   ----------
 9052050000
```

Même exemple simplifié.

```
     349500
      25900
   ----------
      31455
     17475.
     6990..
   ----------
 9052050000
```

Nota. On ajoute au produit autant de zéro qu'il s'en trouve à la suite du multiplicande et du multiplicateur.

Preuve de la multiplication.

Prenez la moitié du multiplicande et doublez

le multiplicateur, vous aurez nécessairement le même produit si la multiplication a été bien faite.

EXEMPLE:

344	Moitié du multiplicande. . . .	172
24	Double du multiplicateur. . .	48
1376		1376
688.		688.
8256	. . . .	8256

DE LA DIVISION.

La division est une soustraction abrégée. Elle a pour but de partager une quantité donnée en un certain nombre de parties égales.

Si l'on avoit 12 à diviser par 3, on pourroit retrancher 3 de 12 autant de fois que la soustraction seroit possible; et ici elle se feroit 4 fois. On en concluroit que chacun des trois partageans auroit 4 portions du tout qui est 12. Mais il ne seroit pas possible d'employer la soustraction pour des nombres considérables. Il a donc fallu chercher des moyens d'abréviation, et l'on a inventé la *division*, qui n'est réellement qu'une *soustraction* abrégée.

La quantité à partager se nomme *dividende*.
Le nombre des partageans se nomme *diviseur*.
La portion de chacun se nomme *quotient*.

1.er EXEMPLE.

Dividende. . . . 6	2 (*diviseur*.)
	3 (*quotient*.)

Soit le nombre 6 à diviser par 2. Disposez le

dividende et le diviseur comme ils le sont dans cet exemple, et dites : en 6 combien de fois 2 ? trois fois, sans reste. Ce nombre 3 est le quotient, et vous le placez sous le diviseur.

2.e EXEMPLE.

45	3
15	15

Ici vous avez 4 dizaines et 5 unités (ou 45) à diviser par 3. Commencez par chercher le quotient des dizaines. En 4 combien de fois 3 ? une fois. C'est le quotient des dizaines. Vous le placez sous le diviseur. Vous les multipliez l'un par l'autre, c'est-à-dire que $1 \times 3 = 3$. Vous retranchez par la pensée ce produit 3, des dizaines du dividende, c'est-à-dire, du chiffre 4; le reste est 1, à côté duquel vous abaissez le chiffre 5 pour pouvoir chercher le quotient des unités, et vous dites : en 15 combien de fois 3 ? 5 fois, sans reste. C'est le quotient des unités. Vous le placez sous le diviseur; vous les multipliez l'un par l'autre, c'est-à-dire, 5 par trois; le produit est 15, que vous retranchez des 15 placés sous le dividende : il ne reste rien, et l'opération est terminée.

Dans cet exemple, où le dividende contient des dizaines et des unités, on voit que le but de l'opération est de trouver le quotient des dizaines et celui des unités. Si après avoir trouvé le quotient des dizaines on trouve un reste de dizaines, on joint ce reste aux unités, on en forme un second dividende pour avoir le quotient des unités; et l'opération est finie quand on a trouvé ce dernier quotient, quoiqu'il puisse y avoir un reste.

3.e EXEMPLE.

```
4524 | 3
-----+------
 15  | 1508
  02 |
   24|
    o|
```

Le dividende contient des unités, des dizaines, des centaines et des mille. Vous cherchez d'abord le quotient des mille, et vous dites: en 4 combien de fois 3? 1 fois; c'est le quotient que vous cherchez. Vous le multipliez par le diviseur 3, et vous retranchez le produit 3 du chiffre 4, qui exprime les mille du dividende. Le reste de la soustraction est un, que vous écrivez au-dessous du 4. Vous abaissez à côté le chiffre des centaines qui est 5, et vous avez un nouveau dividende 15 pour chercher le quotient des centaines. Vous dites, en 15 combien de fois 3? 5 fois. 5 × par 3 = 15. Retranchez ce produit, du dividende partiel; vous avez o, à côté duquel vous abaissez le chiffre 2 des dizaines pour avoir le quotient des dizaines. En 2 combien de fois 3? o est le quotient des dizaines. Vous abaissez enfin le chiffre 4 des unités à côté du chiffre des dizaines qui dans cet exemple est insuffisant. Ce nouveau dividende partiel vous donne le quotient des unités. En 24 combien de fois 3? 8. C'est le quotient des unités. Mais 8 × par le diviseur 3 = 24, qui, retranchés du dividende partiel 24 = o. La division est terminée et ne laisse pas de reste.

Remarquez dans cette opération que vous avez mis un o au quotient, lorsque vous avez cherché le quotient de 2 divisé par 3. Le chiffre 2 représentoit des dizaines, conséquemment le quotient ne pouvoit être un nombre de l'ordre des dizaines : il a donc fallu mettre 0 dizaine pour quotient, abaisser le dernier chiffre du dividende et en former un nouveau dividende partiel de 24 unités qui, divisées par 3, donnent 8, c'est-à-dire, le quotient des dizaines et des unités réunies.

4.e EXEMPLE.

49632	24
16	2068
163	
192	
0	

Dans cet exemple, le diviseur contient des *dizaines*, et le dividende contient des *dix mille*. Conséquemment le quotient ne peut pas avoir de chiffres au-delà des chiffres de *mille*, puisque les dizaines du diviseur, multipliées par les *mille* du quotient, ne peuvent produire que les *dix mille* du dividende.

Pour opérer la division, commencez par séparer sur la gauche du dividende autant de chiffres qu'il en faut pour contenir le diviseur. En effet, si vous preniez seulement le premier chiffre qui est 4; ce dividende partiel ne contiendrait pas le diviseur 24, et il faudroit mettre 0 pour premier chiffre du quotient, ce qui seroit un résultat nul. Vous séparez donc 49. Ce dividende partiel est celui des *mille*, et vous aurez au quotient un chiffre du même ordre, c'est-à-dire, le quotient des *mille*. En 49, combien de fois 24? 2 fois. C'est le quotient cherché, qui, multiplié par le diviseur 24 = 48; et en retranchant ce produit 48 du dividende partiel 49, il reste 1, à côté duquel vous abaissez le chiffre 6 du dividende pour chercher le quotient des centaines. En 16, combien de fois 24? o. Vous mettez o au quotient pour les centaines ; vous abaissez à côté de 16, dividende partiel, le chiffre des dizaines, c'est-à-dire, 3 : vous avez un nouveau dividende partiel de 163 dizaines. En 163 combien de fois 24? ou, pour simplifier, en 16 (dizaines), combien de fois 2 (dizaines)? Si vous mettiez 8 au quotient, ce quotient seroit trop fort, parce que le diviseur n'est pas 2 dizaines, mais 2 *dizaines* et 4 *unités*. Vous essayez 7 au quotient, mais vous ne trouvez réellement que 6. (Avec de l'habitude, et guidé par le raisonnement, vous trouverez sans peine le véritable quotient). Ici le quotient des centaines et des dizaines réunies est 6. Vous le multipliez par le diviseur 24, c'est-à-dire, 6 × 24 = 144, qui, retranchés de 163, laissent un reste de 19. Enfin vous abaissez à côté de ce reste le chiffre 2 des unités, et vous trouvez 8 sans aucun reste.

En résumant les principes de cette opération, vous voyez que, pour avoir le quotient général du dividende, il faut chercher les quotiens partiels de chaque partie du dividende, quotient des mille, quotient des centaines, quotient des dizaines, quotient des unités. Ainsi une division se compose de plusieurs divisions particulières, et la plus compliquée n'exige que de l'attention.

5.e EXEMPLE.

548910	342
2069	1605
171	
1710	
0	

6.e EXEMPLE.

5489100	3420
20691	1605
1710	
17100	
0	

Le quotient est le même dans ces deux exemples, quoique le dividende et le diviseur du premier soient dix fois plus petits que le dividende et le diviseur du second. La raison en est que dans toutes les divisions où il se trouve des zéro au dividende et au diviseur, on ne change rien à la valeur du quotient lorsqu'on supprime à la suite du dividende autant de zéro qu'il s'en trouve à la suite du diviseur.

En effet, dans le second exemple si vous supprimez un zéro du dividende, vous rendez ce nombre dix fois plus petit. Il faut donc rendre le diviseur également dix fois plus petit, c'est-à-dire, y supprimer un zéro : le quotient sera nécessairement le même que si vous n'y aviez rien supprimé.

Preuves de la Multiplication et de la Division.

MULTIPLICATION.

Pour faire la preuve de la multiplication, divisez le produit par le multiplicateur : si la multiplication a été bien faite, vous retrouverez le multiplicande pour quotient.

EXEMPLE :

$$15 \times 4 = 60$$

Pour prouver la justesse de ce produit, divisez le par 4 : le quotient sera le multiplicande 15.

Si vous divisiez 60 par le multiplicande 15, vous retrouveriez au quotient le multiplicateur 4; mais dans ces sortes de preuves, il vaut mieux prendre pour diviseur le plus petit nombre, qui est en général le multiplicateur.

DIVISION.

Pour la preuve de la division, multipliez le quotient par le diviseur, et vous retrouvez le dividende.

Exemple.	*Preuve.*
60 | 4	15 (quotient).
| 15	4 (diviseur).
	60 (dividende).

Ce procédé s'applique à tous les cas sans exceptions.

On voit que l'addition se prouve par la soustraction ;

Que la soustraction se prouve par l'addition ;

Que la multiplication se prouve par la division ;

Que la division se prouve par la multiplication.

Nous allons en donner des exemples pour exercer les étudians.

Addition.			*Soustraction.*	
	49549 l.	19 s.	26609000 l.	4 s.
	94398	15	2999999	18
	73747	1	23609000	6
	49076	10	*Preuve* 2999999	18
	266772	5	26609000	4
Preuve	21232	0		

Multiplication.

```
      4539504000
          242000
  --------------
       9079008
     18158016.
     9079008..
  --------------
  1098559968000000
```

(*Nota.* Les six zéros sont ceux du multiplicande et du multiplicateur).

Preuve.

(*Nota.* On peut supprimer au dividende autant de zéro que l'on en peut supprimer au diviseur, pourvu que les zéro se trouvent à la suite de l'un et de l'autre).

```
1098559968(000000) | 242(000)
-------------------------------
  1305             | 4539504000 quotient
   955             | égal au multiplicande.
   229
    1219
     968
      0000
```

Pour prouver que la division ci-dessus est bien faite, on peut multiplier le diviseur et le quotient l'un par l'autre; le produit sera le dividende. Au reste, cette opération est toute faite dans l'exemple ci-dessus de multiplication.

DES NOMBRES COMPLEXES *ou* COMPOSÉS.

On appelle *nombres complexes* ceux dont l'expression est composée de plusieurs parties, comme les nombres de *toises*, qui contiennent à la fois des *pieds*, *pouces*, *lignes*; comme les *livres* (de *poids*), qui contiennent des *onces*, *gros* et *grains*; ou comme les *livres numéraires*, qui contiennent des *sols* et *deniers*.

Le calcul des nombres complexes deviendra inutile, au moins dans les campagnes, lorsque le système décimal des poids et mesures y sera parfaitement connu.

Addition et soustraction des nombres complexes.

Ces deux opérations ne présentent point de difficultés, et nous en avons déjà donné des exemples pour les livres et les sols. En voici quelques-uns pour les mesures d'étendue.

ADDITION.

	toises.	pieds.	pouces.	lignes.
	540	5	11	10
	947	3	5	7
	229	4	10	11
	32	2	3	5
	1750	4	7	9
Preuve	122	2	2	0

Commencez par l'addition des lignes. Vous trouverez 33, qui donnent 2 pouces 9 lignes. Vous posez 9 et vous retenez 2, que vous réunissez à la colonne des pouces. Vous trouvez 31 dans cette colonne; ces 31 pouces font 2 pieds 7 pouces. Vous posez 7 et retenez 2. La colonne des pieds donne avec les 2 de retenue 16 pieds, qui font 2 toises 4 pieds. Vous écrivez 4 et vous retenez 2 toises, etc.

Pour la preuve, additionnez la dernière colonne des toises à gauche, vous trouvez 16, que vous retranchez des 17 écrits à la *somme*. Il reste 1, qui, avec le 5 supérieur, forme 15. De ces 15 vous retranchez les 13 de la 2.e colonne : il reste 2, qui forme 20 avec le 0 des unités de toises. Vous en retranchez les 18 de la colonne supérieure, il vous reste 2. Ces 2 toises, réunies aux 4 pieds écrits sous la colonne des pieds, forment 16 pieds, dont vous retranchez les 14 pieds de cette colonne : il vous reste 2 pieds ou 24 pouces qui, avec les 7 de la colonne des pouces, donnent 31. Retranchez-en 29, (total de la même colonne) il vous reste 2 pouces ou 24 lignes, qui, réunies aux 9 lignes, donnent 31. Si vous ne trouvez pas le même nombre, c'est-à-dire, 31 lignes dans cette colonne, l'addition a été mal faite.

SOUSTRACTION.

PREMIER EXEMPLE.

	l.	s.	d.
	549	4	3
	232	1	2
	317	3	1
Preuve	232	1	2
	549	4	3

SECOND EXEMPLE.

490 l.	3 s.	4 d.	*Nota*. 12 d. font 1 sol.
398	17	10	
91	5	6	
398	17	10	
490	3	4	

Pour le 2.e exemple vous dites : 4 d. — 10 d. Cela ne se peut. J'emprunte 1 s. (qui vaut 12 d.) et j'ai 16 — 10 = 6.

Passant aux sols, je trouve encore le nombre des sols à retrancher trop fort. Mais j'emprunte 1 liv. (qui vaut 20 s.) et que je réunis aux 3 s., moins celui que j'ai déjà emprunté pour les deniers. J'ai alors 22 — 17 = 5. Pour les livres, je suis encore obligé d'emprunter 1 aux dizaines ; et, en faisant abstraction de la livre déjà employée pour les sols, j'ai 9 — 8 = 1.

La preuve se fait comme nous l'avons précédemment expliquée.

MULTIPLICATION.

Si le multiplicande seul étoit complexe, et qu'il n'y eût qu'un seul chiffre au multiplicateur, l'opération seroit très-simple, et se borneroit à la multiplication successive de chacun des chiffres du multiplicande par le chiffre du multiplicateur.

EXEMPLE :

4 L.	10 s.
2	
9	0

Mais comme le multiplicande et le multiplicateur sont très-souvent complexes l'un et l'autre, il faut avoir une méthode fixe, à laquelle on rapporte toutes les opérations.

Ainsi dans l'opération ci-dessus, la multiplication de 4 liv. par 2 peut être considérée comme le nombre 4, répété 2 fois = 8. Si au multiplicande 4 on ajoutoit 1, ce seroit comme si au produit 8 on ajoutoit le multiplicateur 2; mais dans cet exemple, au lieu d'ajouter 1 liv. vous ajoutez 10 s., qui sont la moitié d'une livre: vous n'ajoutez donc au produit que la moitié du multiplicateur.

Ainsi vous ferez l'opération ci-dessus de la manière suivante, et cette manière s'appliquera à tous les exemples possibles.

PREMIER EXEMPLE.

	l.	s.
	4	10
	2	»
Produit de 4 liv. par 2	8	»
Pour 1 l., produit supposé (le multipl.r)	(2	») (*)
Pour 10 s. moitié du produit supposé.	1	»
	9	»

SECOND EXEMPLE.

	l.	s.	
	223	15	
	42	»	
	446		
	892 .		
Produit de 10 s.	21	»	($\frac{1}{2}$ du multiplicateur).
Produit de 5	10	10	
	9397	10	

(*) *Nota.* Dans toutes les opérations où l'on trouvera un produit supposé, il ne faut pas le comprendre dans l'addition, et pour cela on tire un trait sur ce produit.

TROISIÈME EXEMPLE.

345 l.	16 s.	3 d.	
25	»		
1725			
690.			
12	10	»	produit de 10 s.
6	5	»	produit de 5 s.
1	5	»	produit de 1 s. (le 5.e).
»	6	3	produit de 3 d. le quart.
8645	6	3	

Dans ce 3.e exemple vous considérez 16 s. comme composés de 10 s., de 5 s. et d'1 s. Pour 10 s. vous prenez la moitié du multiplicateur, pour 5 s. le quart du multiplicateur, ou la moitié du produit des 10 s.; pour 1 s. le 5.e de ce dernier produit; enfin, pour 3 d. le quart de ce produit d'1 s.

QUATRIÈME EXEMPLE.

229 l.	10 s.	8 d.	
37			
1603			
687.			
18	10	»	produit de 10 s.
(1	17	»)	pour 1 s., produit supposé. *
»	18	6	produit de 6 d.
»	6	2	produit de 2 d.
8492	14	8	

*Dans cette opération il faut supposer le produit d'un sol pour avoir celui de 6 d.; avant de faire le total, on doit tirer un trait sur ce produit, pour ne pas le comprendre dans l'addition totale.

CINQUIÈME EXEMPLE :

18 toises 5 pieds 7 pouces 8 lignes
à 12 liv. la toise.

	36			
	18 .			
Pour 3 pieds. . . .	6 .	» .	»	($\frac{1}{2}$ du multiplicateur.)
pour 1 pied.	2 .	» .	»	($\frac{1}{3}$ de ce dernier résultat.)
idem.	2 .	» .	»	
pour 6 pouces. . . .	1 .	» .	»	($\frac{1}{2}$ de ce dernier résultat.)
pour 1 pouce. . . .	» .	3 .	4 d	(le $\frac{1}{6}$ de ce dernier résultat.)
pour 8 lignes. . . .	» .	2 .	2 $\frac{2}{3}$	(les $\frac{2}{3}$ du produit de 1 p.ce)
	227 .	5 .	6 $\frac{2}{3}$	

SIXIÈME EXEMPLE :

à 41 liv. 11 s. 4 d. la toise
combien 14 toises 4 pieds 6 pouces ?

	164. .	» . . .	»	
	41	» . . .	»	
Pour 10 sols......	7...	»...	»	La moitié de 14 toises.
pour 1 sol........	0...	14...	»	Le $\frac{1}{10}$ de ce résultat.
pour 4 deniers...	0...	4...	8	Le $\frac{1}{3}$ de ce dernier résultat.
pour 3 pieds.....	20...	15...	8	La moitié de 41 liv.
pour 1 pied......	6...	18...	6	
pour 6 pouces...	3...	9...	3	
	613	2	1	

Dans cette dernière opération vous multipliez d'abord les unités principales du multiplicande et du multiplicateur, et vous avez le produit de 41 liv. par 14 toises ; ensuite vous prenez le produit de 11 s. par 14 toises, enfin vous prenez le produit de 4 d. par 14 toises, et vous avez jusques-là la valeur de 14 toises à 41 liv. 11 s. 4 d.

la toise; mais comme vous n'aviez pas seulement 14 toises au multiplicateur, c'est-à-dire, que ce multiplicateur est composé de 14 t. 4 p. 6 p., il falloit chercher la valeur des 4 pieds 6 pouces.

Pour y parvenir vous prenez d'abord celle de 3 pieds (ou ½ toise); c'est la moitié du multiplicande. Pour 1 pied vous avez le tiers de ce dernier produit; enfin pour 6 pouces vous trouverez la moitié de la valeur du pied. Ainsi vous êtes assuré que le produit général est réellement le produit non-seulement des unités principales, mais encore de leurs subdivisions, soit en livres, sols et deniers, soit en pieds, pouces et lignes, puisque vous avez pris successivement le produit partiel de chacune de ces subdivisions.

Nota. On néglige les parties plus petites que les deniers ou les lignes.

Division des nombres complexes.

Premier Exemple.

43 liv. 10 s.	2
3	21 liv. 15 s.
1 liv. 10 s.	
ou 30 s.	

Cet exemple n'offre aucune difficulté. Vous dites : en 4 combien de fois 2 ? 2 fois ; et en continuant vous aurez le reste 1 liv. que vous convertirez en sols et auxquels vous joindrez les 10 s. du dividende, pour avoir le quotient des sols. Le quotient de 30 s. divisés par 2 est 15 s., et le résultat de la division vous donne 21 liv. 15 s.

S'il y avoit des deniers, vous réduiriez le reste

des sols en deniers, de même que vous avez réduit en sols le reste des livres.

DEUXIÈME EXEMPLE :

26 liv. 10 s. 4 d.	4
2	6 12 7
20 s.	
40	
10 s. (du dividende.)	
50	
10	
2 (reste.)	
12 d.	
24	
4 d. (du dividende.)	
28	
0	

Mais si le diviseur étoit formé de nombres complexes comme le dividende, vous observeriez avec attention les circonstances qui peuvent changer l'état de la question.

Il y en a deux :

1.° Quand le dividende et le diviseur sont de différentes natures; alors le quotient est de même espèce que le dividende.

2.° Quand le dividende et le diviseur sont de même nature, alors le quotient doit être de nature différente.

Ces deux circonstances vont être expliquées dans les exemples suivans.

Exemple du premier cas :

36 liv. 16 s. 3 d.	12 toises 5 pieds 5 pouces.

Vous avez acheté 12 t. 5 p. 5 p. pour 36 liv. 16 s. 3 d., et vous cherchez le prix de chaque toise en particulier ; le quotient, c'est-à-dire, le prix de chaque toise sera nécessairement de même nature que le dividende.

Pour avoir le quotient, cherchez 1.° combien l'unité principale du diviseur (ici, c'est la toise), contient de parties de la plus petite valeur (ici, ce sont des pouces). La toise contient 72 pouces, et vous multipliez par 72 pouces le dividende 36 liv. 16 s. 3 d., le produit est 2650 liv. 10 s. 2.° Vous réduisez le diviseur 12 t. 5 p. 5 p. en pouces et vous avez 929 pouces par lesquels vous divisez 2650 liv. 10, le quotient est 2 l. 17 s. 0 d. plus une partie de denier.

Il est évident qu'en réduisant en pouces le diviseur 12 t. 5 p. 5 p. vous n'avez pas changé sa valeur. Cependant vous avez rendu ce nombre 72 fois plus grand qu'il n'étoit numériquement ; il falloit donc augmenter dans la même proportion le dividende, et c'est ce que vous avez fait en le multipliant par 72.

Ainsi en reprenant l'opération nous allons la suivre dans tous ses détails.

Le dividende multiplié par 72 = 2650 l. 10 s. ; et le diviseur réduit en pouces, c'est-à-dire, divisé par 72 = 929.

```
                                  2650 l. 10 s.  { 929
reste des liv. à réduire           792           { 2 l. 17 s. 0 d. 684/929
en sols en multip. par              20 s.
                                  -----
                                  15840
dividende des sols                   10 s.
                                  -----
                                  15850
                                   6560
        reste des sols               57
        multiplié par                12
                                  -----
                                    114
                                    57.
                                  -----
dividende des deniers               684
```

Nota. Le dividende des deniers étant plus foible que le diviseur, il faut mettre o au quotient des deniers et indiquer le reste comme il est écrit ci-dessus.

Exemple du deuxième cas.

```
36 liv. 16 s. 3 d. { 2 liv. 17 s. 0 d.
```

Supposez pour 36 liv. 16 s. 3 d. d'ouvrage fait moyennant 2 liv. 17 s. o d. la toise. Ici le dividende et le diviseur sont de même nature, mais le quotient sera de nature différente, puisque vous cherchez le nombre des toises d'ouvrage qui ont été faites pour la somme portée au dividende.

Si vous multipliez le dividende par le nombre de deniers contenus dans une livre, vous réduirez ce dividende en deniers, sans diminuer sa valeur; mais il faudra de même réduire le diviseur en deniers, alors vous aurez 8835 à diviser par 684.

Avant d'aller plus loin, examinez la nature de l'opération; vous cherchez combien de toises vous avez eu à payer; vous en trouverez autant que 2 liv. 17 s. sont contenus dans 36 liv. 16 s. 3 d., ou (ce qui revient au même) autant que le diviseur nouveau 684 est contenu dans le nouveau dividende 8835.

Mais si vous supposiez un moment que votre dividende 8835 est votre nombre de toises cherché; c'est-à-dire, si vous le considériez comme un nombre de 8835 toises à un denier la toise, il est évident que ce nombre seroit 684 fois trop grand; pour le réduire à sa valeur réelle, vous devez donc diviser ces 8835 toises que vous supposez valoir 1 denier, par 684, et vous trouverez au quotient le nombre cherché. *Nota. Ce raisonnement est de M. Lacroix, cours de mathématiques.*

Ainsi en considérant le dividende comme exprimant des toises, vous ferez l'opération suivante qui se réduit à la division des nombres incomplexes.

	8835 t.	684
	1995	12 t. 5 p. 6 p.
reste	627	
multiplié par	6 pieds.	
	3762	
reste des pieds	342	
multiplié par 12 pouces	12	
	684	
	342.	
	4104	
	0	

DES FRACTIONS.

Si vous aviez à diviser 7 par 3, le quotient seroit 2 et le reste 1 divisé par 3. Le quotient 2 seroit donc trop foible. Ce reste qui ne peut se diviser se nomme *Fraction* dans toutes les divisions, et cette fraction s'écriroit de cette manière au quotient $\frac{1}{3}$, c'est-à-dire, 1 à diviser par 3.

Chaque unité peut être supposée partagée en parties plus petites, qui réunies reproduisent l'unité. Ce sont des fractions de l'unité qui s'expriment ainsi :

Moitié. . . . . $\frac{1}{2}$
Un tiers. . . . $\frac{1}{3}$
Un quart. . . . $\frac{1}{4}$
Un cinquième. $\frac{1}{5}$
Un sixième. . . $\frac{1}{6}$
Un septième. . $\frac{1}{7}$

La fraction s'exprime par deux mots, *numérateur* et *dénominateur*. Ces deux mots se nomment aussi les deux termes de la fraction.

1 . . . . (numérateur.)
—
2 . . . . (dénominateur.)

Le *numérateur* est ainsi nommé parce qu'il indique le *nombre* des parties fractionnaires de l'unité. Le *dénominateur* indique ou *nomme* ce qu'il faut pour reproduire l'unité. Dans la fraction $\frac{5}{6}$ le numérateur ^{5} indique cinq parties du tout; le dénominateur $_6$ indique qu'il faut six parties pour former le tout ou l'unité.

PREMIER EXEMPLE :

$$\begin{array}{r} 2/3 \\ 1/3 \\ 2^{\text{ unités}} \quad 2/3 \\ \hline 3 \ldots 2/3 \end{array}$$

L'addition des fractions n'offre aucune difficulté lorsque les fractions ont un même dénominateur. Dans cet exemple, il suffit d'additionner les numérateurs et vous trouvez 5/3 ; mais cinq tiers forment un tout et 2/3, vous écrivez 2/3 et vous joignez l'unité à la colonne des unités.

DEUXIÈME EXEMPLE :

$$\begin{array}{r} 1/3 \\ 1/4 \end{array}$$

Si les fractions n'ont pas le même dénominateur, il faut les y réduire. Pour y parvenir vous multipliez les deux termes de chaque fraction par le produit des dénominateurs des autres.

Mais dans cet exemple où vous n'avez que deux fractions, vous multipliez 1.° les deux termes de la fraction 1/3 par le dénominateur 4 de l'autre et vous avez [illegible] ; 2.° les deux termes de la fraction 1/4 par le dénominateur 3 de l'autre, et vous avez $\frac{3}{12}$; vous n'avez plus qu'à faire l'addition des numérateurs qui vous donne 7/12.

$$\begin{array}{rl} \frac{1}{3} & = 4/12 \\ \frac{1}{4} & = 3/12 \\ \hline \text{TOTAL} \ldots & 7/12 \end{array}$$

En effet les deux fractions $\frac{4}{12}$ et $\frac{3}{12}$ ont nécessairement la même valeur que les deux fractions primitives, puisque si l'on multiplie ou si l'on divise deux quantités par un même nombre quelconque, le rapport qu'elles ont entr'elles ne change point.

TROISIÈME EXEMPLE.

Additionnez : $\frac{3}{4}$ $\frac{5}{8}$ $\frac{2}{3}$ $\frac{1}{2}$.

1.° Multipliez le numérateur 3 et le dénominateur 4 par le produit des dénominateurs 8, 3 et 2, c'est-à-dire par 48, et vous avez pour la fraction $\frac{3}{4}$ la nouvelle fraction $\frac{144}{192}$.

2.° Multipliez le numérateur 5 et le dénominateur 8 par le produit des dénominateurs 4, 3 et 2, c'est-à-dire, par 24, vous trouvez $\frac{120}{192}$.

3.° Multipliez le numérateur 2 et le dénominateur 3 par le produit de 4, 8, 2, c'est-à-dire, par 64, vous trouverez $\frac{128}{192}$.

4.° Enfin, en multipliant $\frac{1}{2}$ par le produit de 4, 8 et 3, vous aurez $\frac{96}{192}$.

Ainsi toutes ces fractions sont réduites à un dénominateur commun, et l'opération se borne maintenant à faire l'addition des numérateurs $144 + 120 + 128 + 96 = \frac{488}{192}$.

$$\begin{aligned} \tfrac{3}{4} &= 144/192 \\ \tfrac{5}{8} &= 120/192 \\ \tfrac{2}{3} &= 128/192 \\ \tfrac{1}{2} &= 96/192 \\ \hline 488/192 &= 2\ \tfrac{104}{192}. \end{aligned}$$

Ici le numérateur est plus grand que le dénominateur, et vous pouvez opérer la division de 488 par 192; vous trouverez au quotient 2 entiers et $\frac{104}{192}$.

La soustraction se fait sans difficulté, lorsque les fractions ont un même dénominateur : dans le cas contraire il faut les y réduire.

Dans l'exemple ci-dessus vous avez $\frac{104}{192}$. Il faut chercher une expression plus simple, en divisant les deux termes ou par 2, ou par 3, ou par 4, etc. Ici les nombres sont pairs dans chaque terme, ils sont divisibles par 2, et l'on a $\frac{52}{96}$. En divisant encore cette fraction par 2, on trouve $\frac{26}{48}$; en la divisant encore par 2, vous trouvez 13/24, qui ont la même valeur que $\frac{104}{192}$.

Ici la division ne peut se pousser plus loin.

Si vous aviez la fraction $\frac{100}{1000}$, il est évident que chacun des deux termes peut se diviser par 10, et que la valeur de la fraction ne changera point. Alors au lieu de $\frac{100}{1000}$ vous aurez $\frac{10}{100}$. Si vous divisez cette nouvelle fraction par 10, vous aurez $\frac{1}{10}$, qui est la même chose que $\frac{10}{100}$ ou $\frac{100}{1000}$.

Nous terminerons ici le calcul des fractions pour les enfans de la campagne. La théorie et même la pratique du calcul des autres opérations sur les fractions, ne pourroient que leur occasionner des peines inutiles pour leur état futur, inutiles sur-tout depuis que le calcul décimal est devenu nécessairement applicable aux poids, aux mesures et à toutes les transactions commerciales.

CALCUL DÉCIMAL.

Poids et Mesures.

Dans l'ordre de la numération les chiffres acquièrent une valeur de dix en dix fois plus grande, à mesure qu'ils sont écrits à la gauche des unités.

Ainsi dans les nombres 5348, le chiffre 8 représente les unités simples; le chiffre 4 représente les unités de dizaines; le chiffre 3 représente les unités de centaines; le chiffre 5 représente les unités de mille.

Ainsi les chiffres acquièrent une valeur décuple, en allant de droite à gauche; au contraire, si l'on compte de gauche à droite, les chiffres décroissent toujours de la même manière jusqu'à l'unité.

Mais parvenus à l'unité, pourquoi n'aurions-nous pas des fractions de l'unité dans la même proportion, c'est-à-dire, des *dixièmes* d'unités, des *centièmes*, des *millièmes*, comme il y a des *dizaines* d'unités, des *centaines*, des *mille*, etc.

Cette manière de calculer, qui n'étoit en usage que pour les sciences, est devenue applicable et nécessaire à toutes les transactions ordinaires, depuis le nouveau système des poids et mesures: elle fera disparoître, par son extrême simplicité, toutes les difficultés que présentoit jadis le calcul des nombres complexes et des fractions.

En effet, on réduira toutes les opérations du calcul aux quatre règles fondamentales de l'arithmétique; et les fractions les plus compliquées se résoudront sans peine par le calcul décimal.

On écrit les fractions décimales de la même manière que les nombres entiers et à leur suite, avec l'attention néanmoins de séparer par une virgule les unités et les nombres fractionnaires.

EXEMPLES.

unités dixième	dixième centièmes	dixième centièmes millièmes	dixième centièmes millièmes dix millièmes	dixième centièmes millièmes dix millièmes cent millièmes
12,1.	12,14.	12,142.	12,1425.	12,14259.

Pour le 1.er exemple vous prononcez ainsi : 12 unités, 1 dixième.

2.e exemple : 12 unités, 1 dixième, 4 centièmes, ou mieux 12 unités, 14 centièmes.

3.e exemple : 12 unités, 142 millièmes.

4.e exemple : 12 unités, 1425 dix millièmes.

5.e exemple : 12 unités, 14259 cent millièmes.

ADDITION.

L'addition se fait comme nous l'avons déjà indiquée. On commence par les derniers chiffres à droite, en observant que les millièmes doivent être exactement sous les millièmes, les centièmes sous les centièmes, les dixièmes sous les dixièmes, les unités sous les unités, etc.

EXEMPLE.

```
 12,052
142,951
234,120
 25,102
-------
414,225
```

A la suite des fractions décimales, on peut ajouter autant de 0 que l'on voudra sans changer leur valeur ; en effet, la fraction 0 unité, 1 dixième est égale à celles-ci : 0,10 centièmes, 0,100 millièmes.

SOUSTRACTION.

Les mêmes observations s'appliquent à la soustraction.

325,490	142,021
124,228	20,982
201,262	121,039

Nota. Les preuves de ces deux opérations se font comme pour l'addition et la soustraction des nombres entiers.

MULTIPLICATION.

```
   422
  1,32
 -----
   844
  1266.
  422..
 ------
 537,04
```

Lorsqu'il n'y a de chiffres décimaux qu'à l'un des facteurs de la multiplication, faites l'opération comme s'il n'y avoit pas de fraction décimale, c'est-à-dire, comme s'il n'existoit que des nombres entiers. Mais au produit, on sépare sur la droite autant de chiffres décimaux qu'il y en a au multiplicateur ou au multiplicande. En effet, sans cette séparation, le produit seroit dans cet exemple cent fois trop grand, puisque le nombre 422 ne devoit pas être multiplié par 132 unités, mais par 1 unité et 32 centièmes d'unité.

```
   422,25
     2,32
 --------
    84450
   126675.
   84450..
 --------
 979,6200
```

Lorsqu'il y a, comme dans cet exemple, des chiffres décimaux au multiplicande et au multiplicateur, on fait l'opération comme s'il n'y avoit que des nombres entiers. Mais au produit, on sépare sur la droite autant de chiffres décimaux que le multiplicande et le multiplicateur en contiennent. En effet, sans cette opération, le produit seroit *dix mille* fois trop grand, puisque l'on n'avoit pas 42225 unités à multiplier par 232 unités, mais 422 unités 25 centièmes par 2 unités 32 centièmes.

DIVISION.

40,24	4

Si l'on supprime la virgule, on aura 4024 unités, et le dividende sera cent fois trop grand, à moins que l'on ne rende également le diviseur cent fois plus grand. Or, le diviseur 4 n'est autre chose que 4 unités 00 centièmes ou *quatre cents* centièmes. Si donc vous supprimez la virgule au dividende, vous devez mettre au diviseur autant de 0 que vous aviez de chiffres décimaux au dividende. Le quotient sera toujours le même.

Ainsi l'exemple ci-dessus se réduit à diviser 4024 par 400.

4024 centièmes.	400 centièmes.
24	1006 centièmes.
0	(*ou* 10,06 centièmes).

C'est-à-dire, que dans une division où le diviseur n'est composé que de nombres entiers, il faut 1.° supprimer la virgule au dividende; 2.° ajouter au diviseur autant de zéro qu'il y a de chiffres décimaux au dividende; 3.° faire l'opération comme s'il n'y avoit que des nombres entiers, sans faire de séparation au quotient.

Autre Exemple.

$$44{,}800 \left\{ \frac{2{,}2}{} \right.$$

Cet exemple présente des chiffres décimaux au dividende et au diviseur.

Supprimez la virgule dans l'un et dans l'autre ; ajoutez à la suite du nombre qui a le moins de chiffres décimaux autant de o qu'il en faut pour que les chiffres décimaux soient en égal nombre au dividende et au diviseur.

Ici le dividende a trois chiffres décimaux ; le diviseur n'en a qu'un ; il faut donc écrire deux zéro à la suite, et vous aurez 44800 à diviser par 2200.

Ou, en supprimant deux zéro dans le dividende et dans le diviseur, vous aurez :

$$\begin{array}{r|l} 448 & 22 \\ \hline 8 & 20 \end{array}$$

Vous avez un reste 8 qui est plus petit que le diviseur 22 ; mais comme le calcul décimal donne les moyens d'approcher du quotient aussi près qu'il est possible, sans recourir au calcul des fractions ordinaires, rien n'empêche de pousser la division aussi loin qu'on voudra, en multipliant chaque reste par 10, c'est-à-dire, en ajoutant un o à chaque reste, ce qui donnera des fractions décimales au quotient. Ainsi, dans cet exemple, la division est restée au chiffre 8 ; mais si vous voulez approcher du vrai quotient à 1 dixième, à 1 centième, à 1 millième près, vous ajoutez à ce reste un, deux ou trois zéro, et vous continuez la division avec ce nouveau dividende, en ayant soin de séparer au quotient les unités et les chiffres décimaux par la virgule, ou plutôt en se rappelant que le quotient contiendra autant de chiffres décimaux qu'il y aura de zéro à côté du reste.

Si vous vouliez réduire une fraction absolue en fraction décimale, par exemple $\frac{10}{25}$, vous ajouteriez au numérateur 10 autant de zéro que vous voudrez avoir de chiffres décimaux au quotient. La division se fait ensuite comme à l'ordinaire; mais au quotient il faut séparer par la virgule autant de chiffres que vous aurez ajouté de zéro au numérateur.

Ainsi $\frac{10}{25}$ peuvent donner l'opération suivante :

1000	25
	0,40

Le quotient est 40, mais il faut marquer la place des unités par un zéro suivi de la virgule; sans cela vous auriez au quotient 40 unités, au lieu de 40 centièmes d'unités; 40 centièmes sont évidemment égaux à $\frac{10}{25}$.

NOUVELLES MESURES.

Des savans ont été chargés de mesurer une portion fixe de la terre (un arc du méridien). Leurs travaux ont eu le plus grand succès, et l'on est parvenu à connoître la vraie surface du globe terrestre. On en a déduit une *mesure* de lon-

5

gueur qui est la *dix millionième* partie de la distance du pôle à l'équateur. Cette mesure fixe et invariable est le *mètre*, mot grec qui signifie lui-même *mesure*, comme si l'on disoit *mesure universelle*.

Le système métrique est fondé sur le calcul décimal, c'est-à-dire que toutes les mesures de longueur, de surface, de capacité et de pesanteur sont dans un rapport décuple, soit en augmentant, soit en diminuant.

Le *mètre* est l'unité ou la mesure principale pour la longueur : on l'exprime ainsi en chiffre. . . . . 1 mètre.

(*Nota*. Il vaut 3 pieds 11 lignes.)

Au-dessus du mètre on a :

Le *décamètre* (dix mètres) (il vaut 5 toises 9 pouces 5 lignes). 10

L'*hectomètre* (cent mètres). 100

Le *kilomètre* (mille mètres) environ 513 toises. 1000

Au-dessous du *mètre* on a :

Le *décimètre* (10.e du mètre) environ 3 pouces 8 lignes $\frac{1}{3}$. . . . . 0, m. 1

Le *centimètre* (100.e du mètre) un peu moins de 4 lignes $\frac{1}{2}$. 0,01

Le *millimètre* (millième du mètre). . . 0,001

Le *litre*, ou pinte nouvelle, est la mesure principale pour la capacité. (Decimètre cube) 1 pinte un tiers, ancienne mesure de Paris. On l'exprime ainsi en chiffre, ... 1 litre.

Décalitre (dix litres). 10

Hectolitre (cent litres) environ 107 pintes $\frac{1}{3}$, ancienne mesure de Paris. 100

Kilolitre (mille litres.) Cette mesure est d'une capacité trop considérable pour être d'un usage habituel. 1000

Au-dessous du *litre* on a :

Décilitre (dixième du litre). 0,1

Centilitre (centième du litre) à peu près comme un petit verre à liqueur. 0,01

Millilitre (millième de litre) trop petit pour être d'un usage habituel. 0,001

Le *gramme* est la mesure principale pour le poids. Le poids du gramme est égal à celui d'un *centimètre cube* d'eau pure à la température de la glace fondue : il répond environ à 19 grains. La pièce de 1 franc pèse 5 grammes. . . 1 gramme.

Décagramme (dix grammes) 2 gros $\frac{1}{2}$ poids de marc. 10

Hectogramme (cent grammes) plus de 3 onces 2 gros. 100

Kilogramme (mille grammes) plus de deux livres. 1000

Myriagramme (dix mille grammes) environ 20 l. $\frac{1}{2}$. 10000

Au-dessous du gramme on a :

Décigramme (dixième du gramme) un peu moins de 2 grains. . . . . 0,1 gram.

Centigramme (centième du gramme) environ le 5.e d'un grain. 0,01

Milligramme (millième du gramme) moins que le 50.e d'un grain. 0,001

L'*Are* est la mesure principale pour les surfaces : il vaut 100 mètres quarrés, environ 2 anciennes perches quarrées de 22 pieds de roi. 1 are.

Hectare (cent ares) 2 arpens forestiers moins $\frac{1}{20}$ d'arpent. 100

Déciare (dixième d'are). 0,1

Centiare (centième d'are). 0,01

Nota. Les autres divisions ne sont pas en usage.

Le *stère* est la mesure principale pour les solides et pour les bois de chauffage ; il vaut un *mètre cube*, environ la $\frac{1}{2}$ voie de Paris. . 1 stère.

Nota. Il n'y a point de *décastère*, *hectostère*, etc.

Le *franc* est l'unité monétaire ; il pèse cinq grammes. . . . . 1 franc.

Il se divise en dix décimes. Le décime s'écrit ainsi 0,1

Chaque décime vaut 10 centimes (ou 2 sols.) Le centime s'écrit. 0,01

Monnoies, poids et mesures anciennes comparées aux nouvelles.

Un sol, cinq centimes.

1 Livre tournois, 99 centimes $\frac{1}{4}$ qui s'expriment ainsi. 0,f.9925

1 Ecu de 3 liv.	2 f. 75 c.
1 Ecu de 6	5 80
1 Louis de 24 liv.	23 f. 55 c.
1 Louis de 48	47 20

1 Livre de poids, à Paris (c'est-à-dire 16 onces ou 2 marcs) vaut environ 2 kilogrammes.

1 Once vaut un peu plus de 30 grammes ou 3 décagrammes, ou 6 pièces d'un franc, puisque le franc pèse 5 grammes.

L'aune de Paris (de 3 pieds 7 pouces 10 lignes $\frac{5}{6}$) un mètre 19 centimètres, c'est-à-dire que 5 aunes valent à peu près 6 mètres.

La toise courante (de 6 pieds; le pied de 12 pouces; le pouce de 12 lignes) 1 mètre 95 centimètres, c'est-à-dire 1 mètre $\frac{19}{20}$ du mètre.

Le pied, 33 centimètres ou le tiers du mètre.

Le pouce, 27 millimètres.

La ligne, 2 millimètres $\frac{1}{2}$.

La toise quarrée (c'est-à-dire 36 pieds quarrés, chacun ayant un pied de long sur un pied de large) vaut 3 mètres 80 centimètres quarrés, ou 4 mètres à peu près.

La toise cube (c'est-à-dire 216 pieds cubes) vaut 7 mètres 404 décimètres cubes.

La perche d'ordonnance, c'est-à-dire de 22 pieds, vaut 51 centiares; c'est-à-dire que deux perches font un peu plus d'un are.

L'arpent d'ordonnance (100 perches) vaut 51 ares, c'est-à-dire un peu plus du demi-hectare.

Le boisseau de froment, de Paris, c'est-à-dire 20 livres de froment, vaut 13 litres, ou à peu près un myriagramme.

La lieue moyenne vaut à peu près 5 kylomètres.

TABLE.

FIN DE LA TABLE.

www.ingramcontent.com/pod-product-compliance
Ingram Content Group UK Ltd.
Pitfield, Milton Keynes, MK11 3LW, UK
UKHW020326250726
13967UKWH00004B/1888